村井理子

ふたご母戦記

朝日新聞出版

目次

自己紹介　初産で、双子で、高齢出産だ　7
妊娠・出産　ふたご妊娠中はアクシデントの連続　14
乳児期の過酷さ　粉ミルク・バイクぶちまけ事件　20
出産と仕事　出産・育児で仕事を失いたくない　28
保育園　母親として鍛えられた四年間　36
保育園　苦手だった運動会で号泣する　44
父と子　夫、ふたご父に目覚める　52
食事　子育ての悩みは「ごはん」が三分の一　59
住まい　壊れても汚れても、自分たちで直せばいい　67
義父母　超パワフルだった義父母の介護が始まった　75
時間管理・効率化　苦手なことは捨てて「楽して上等」　83
夏休み　マザーレイク・琵琶湖の夏、中三の夏　91
悩み事　インターネット問題に疲れました　99

学校　「感情的な親」にならない方法　107
思春期　もうギブアップ寸前。ガチンコの日々　115
メンタル　自分が常に支える立場であることの苦しさ　123
健康　一番大切なのは、そこに居続けること　131
働くこと　根気よく続けていると、きっと道が開ける　134
本　読書には、体力と気力が必要だ　142
高校入学　高校受験の何が大変だったのか　149
大人になること　三十代後半でやっと大人になった　154
時間　「子ども」だった彼らとの時間　162
双子の関係性　二人の差に、勝手に疲労していた　168
生きる　子育てのゴールはあるのだろうか　173
あとがき　181

装画　スケラッコ
装丁　佐藤亜沙美

ふたご母戦記

自己紹介

初産で、双子で、高齢出産だ

私は日本一大きな湖である琵琶湖のほとりに住む、平凡な主婦。夫と双子の十六歳になる男児と、黒いラブラドール・レトリバー（四十五キロ）とともに暮らしている。

子どもが生まれた直後に、十年以上暮らした京都から、はるばる越してきた。まるで海のように青くて大きな琵琶湖と、雄大な比良《ひら》山系に挟まれた地域に一軒家を構え、今年で十七年目になる。夏は湖水浴客でごった返し、冬はスキーを楽しむ人々の車で国道が混雑するような、いわゆるリゾート地ではあるけれど、地形に高低差のある自然が厳しい場所だ。

そんな地域での暮らしは、毎日がスリルに満ちている。言い換えれば、まったく便利ではない。強い山風が吹けば電車が止まるし、ドカ雪が降れば車が出せなくなる。駅前には、居酒屋がぽつりと一軒あり、赤提灯の色がどうにも侘《わび》しい。最寄りのスーパーに行くには、車を二十分ほど走らせなければならない。車なしでは日常生活が成り立たない地方都市の、小さな田舎町という言葉がぴったりの場所なのだ。湖畔に大型犬と暮らす優雅な生活を想像されるかもしれないが、実のところ、厳しい自然に翻弄《ほんろう》されながら常に時間に追われる生活を送っている。毎日がほとんどサバイバルだ。庭の草刈りも樹木の剪定《せんてい》も、何から何まで自分でやらねばならない、優雅と言うよりは、ＤＩＹな暮らしである。

常に犬と暮らしてきたこと、思春期を迎え、夫の身長を超えるほど成長した双子男児ががさつだということもあって、いつの間にやら、わが家は全体的にずいぶんくたびれてしまった。毎年、どこかが壊れて修理が必要となり、費用がかさむようになってきた。キッチンや風呂場のタイルは割れ、リビングのフローリングも、日に焼けて汚れが目立つ。エアコンは何台も故障したし、新型コロナウイルス感染拡大による休校が何カ月も続いた時期には、洗濯機と冷蔵庫が無情にも故障した。

設計にこだわった家はあっという間に生活感満載の家となり、床には脱ぎ捨てられた男児の衣類が山積みで、お菓子のゴミ、学校のプリント、飲みかけのペットボトルなどが散乱している。体重が四十五キロほどある大型の愛犬は、毎日山盛りの毛を床に落としながら走りまわる。掃除機を持って、家中を移動するような日々が続く。

私が目標としていた湖畔のゆったりとした生活は、いつの間にかどこかへ消えてなくなり、家全体のくたびれた様子と自分の姿を見比べて、なんだか似てるわ……とため息をつくことが増えた。

そんな、関西の山間《やまあい》の小さな田舎町に立つ、雑然とした家に籠もり、細々と翻訳業を営んでいる主婦が、この私である。英語で記された本を日本語へと訳すこと、様々な媒体に文章を寄せるのが主な仕事だ。肩書きは、翻訳家でエッセイストということになっている（エッセイストという肩書きは、最近、なんとはなしについた）。ここ数年で、一年に数冊の本を訳し、自著も書くようになったが、それまでは、一年に一冊訳すことができれば御の字だったという、鳴かず飛ばずの翻訳家だ。それが私であったし、今だってそうだ。いつかミリオンセラーを出したいと言い続け、先日、とうとう五十二歳になってしまった。がむしゃらに働き、子育てをしていた私の四十代は、あっという間に終わってしまい、気づいたらすっかり年を取っていた。まるで浦島太郎だ。

出産したのは三十五歳のときだった。二十八歳で結婚してから何年も子どもを望まず、孫の誕生を今か今かと待つ親たちをやきもきさせたが、結婚したての私には母になることに対する憧れがあまりなかった。だから、親たちの勝手な期待には、徹底的に抗戦していた。まだ二十代後半で、早く出産しなくては……という焦りもなかったし、毎日楽しく暮らすことだけで十分満たされていた。

夫と犬と、狭いけれど京都府内の借家での生活はとても気ままで楽しかったし、共働きで好きに使えるお金だってあった。そんな生活、誰が手放したいと思うだろう。それに、週末になるとふらりとどこかへ出かけ、しばらく戻らないと思ったら釣った魚を持ち帰るような夫が、育児を手伝ってくれるとは到底思えなかった（そして、その予想は当たっていた）。

だから私は、子どもを持つことから徹底的に逃げていた。いつかは産むだろうけれど、今じゃなくていい。そして、こんなことを書いていいのか迷いつつ書くと、私は赤ちゃんが苦手だった。どう扱っていいかよくわからなかったのだ。あの大きな泣き声には、母親になった今でも慣れない。とにかく、一日でも先延ばしにして、自由な生活を謳歌《おうか》することだけを考え、生きていた。

楽しい日々は瞬く間に流れ、三十四歳になったときだ。突然、このままではいけないと焦った。いかにも私らしいけれど、はっと気づいたときには、高齢出産の崖っぷちだったのだ。

そんなこんなで、三十五歳で妊娠し、そして、予想外にも双子だった。初産で、双子で、高齢出産だ。行き当たりばったりの私の人生で、最も行き当たりばったりで無計画だったのが、この妊娠・出産だった。それも、京都から車で一時間以上も離れた琵琶湖畔に、マイホームを建設中のできごとだった。ある日ドライブで訪れた琵琶湖のほとりの静かな土地を、夫が一目見て気に入った。のほほんと生きていた私は、いいんじゃないの？と即答した。一事が万事、この調子だったのだ。


双子はよく、「一回で二人産めるんだから、お得だよ」なんて言われるのだが、実際に双子を妊娠してみると、お得を感じることはあまりなかった。むしろ、双子は三倍大変では？と思うことは何度も経験している。「苦労は二倍、喜びは三倍！」と言われると、苦労はよくわかるけど、喜びはどうだろうと、思わず愚痴《ぐち》が出そうになる。

妊娠中は、とにかく自分が重かった。出産だってリスクだらけで大変だ。私自身も、気をつけてはいたものの、多少、早産したほどだ。なんとか無事出産できたとしても、乳幼児の双子育児は、休みなしにエンドレスに続く鉄人レース。無計画な生き方をしてきたのだから仕方がないと言われればそれまでだけれど、もう少し容赦してくれてもいいじゃないかという気持ちにだってなる。

もちろん、悪いことばかりではない。幼い頃は、本当にそっくりで、そんな男の子たちが同じ服を着て歩いていると、どこにいても歓声があがった。きゃー、かわいい、すっごくかわいいよ、あの双子の男の子！と言われると、自分が褒められているわけではないのに、うれしかった。

小さい頃のわが家の双子は、私が言うのもなんだけど、本当にかわいくて、お揃《そろ》いのおかっぱ頭がよりいっそう彼らを目立たせていた。明るくて、けらけらと笑う二人はどこに行ってもアイドルだった。本人たちも、自分たちの存在が大人を大層喜ばせることに気づき、二人揃ってポーズを取るようになったりして、私にとっては自慢の双子だった。

いつも隣に兄弟がいることで、二人は常に機嫌がよかった。高校生になった今となっても、大きな体をして仲良く語り合う姿を見ると、これが双子の良さなのだなと微笑ましく思う。ついつい愚痴ばかり出てしまうが、双子育児はもちろん苦労ばかりじゃない。楽しいことだってたくさんあるのだ。

うれしいこと、悲しいこと、辛《つら》いこと、悔しいこと。子どもを育てていると、そんな様々な感情がわき上がってくる。自分のなかに、こんなにも激しい思いが眠っていたのかと、気づかされることもある。すべてに流され、楽しいことばかり求めてきたそれまでの人生に、幾重にも物語が積み上げられていき、それは現在進行形なのだ。

時間に追われながらも、時折起きるうれしいできごとをたぐり寄せるようにして、私は暮らしている。思春期を迎えた息子たちの些細な言葉に傷つき、寂しい思いをしながら、成長した息子たちの姿に慰められている。あれだけ私にくっついて、どうしたって離れてはくれなかった二人は、少しずつ私から距離を取るようになりつつある。

今まで彼らが私とともに歩んできた道を、ゆっくりと振り返っていくことで、これから先の自分の人生を考えるうえで、何らかのヒントが見つけられるのではと思っている。辛い生活に光が差したように思えた息子たちとの様々な瞬間を、忘れずに書き留めていきたい。

（執筆時期は二〇二〇年八月から二〇二二年八月だ。ちょうどコロナ禍《か》、そして高校受験という激動の時期を過ごしていた頃になる。子どもたちは中学二年生から高校一年生へと成長している）

妊娠・出産

ふたご妊娠中はアクシデントの連続

私が子どもを産んだのは、三十五歳のときだった。当時は高齢出産のうえ初産の双子だということで、医師からは日常生活を十分気をつけるようにと言われ続けた妊娠生活だった。最近では三十五歳の妊婦に高齢出産のイメージはないけれど、十五年ほど前はしっかりそうで、いろいろと大変な日々だった（プレッシャーで）。

早産の危険と隣り合わせ

妊娠十二週を過ぎたあたりで、子宮頸管《けいかん》を縛る手術を受けた。双子妊婦にはおなじみの手術だ。これは正しくは子宮頸管縫縮術《ほうしゆくじゅつ》と呼ばれていて、文字通り、早産を予防するために子宮頸管を縫って縮めるというもの。早産しないように縛っちゃえ！という手術で、想像するだけで恐ろしい。双子妊娠は、予想以上にアクシデントが多いため、妊娠中期に入ると様々なチャレンジが待っているのだ。

私も担当医師に「やりましょう」と言われて悩む間もなく了承して、手術を受けた。私は少し特殊なのかもしれないが、心臓に先天性の疾患を持って生まれ、入院や手術には慣れっこなので、特に不安はなかった。医師は、この手術をしたとしても、双子妊娠は気をつけなくてはいけません。常に早産の危険と隣り合わせだから、妊娠八ヵ月ぐらいになったら管理入院をしていただきますねと言った。

管理入院とは、まさに管理されたプログラムをこなす入院のことで、そのプログラムとは「絶対安静」だ。立つな、座るなということで、早産しそうな妊婦さんの場合はトイレに行くことさえ制限されることがある。私みたいにそわそわして落ち着きがない人にとってそんな入院は地獄に決まっていると思ったが、徐々にお腹《なか》が大きくなるにつれて、じわじわと理解しはじめた。これは入院しないと無理だな。

お腹の重さを支えきれないのだ。腰が痛むため、外出はおろか、椅子に座ることも大変だった。とにかく毎日、眠くて眠くて仕方がない。それも、酷《ひど》い眠気で全身が痺《しび》れるようだった。息が切れて、苦しい。六カ月を過ぎると二人が活発に動くようになり、夜中に跳び起きることもしばしばあった。胃が持ち上げられてしまい、何も食べることができなくなった。

体内に心臓がもう二人分ある

その頃の私の実際の健康状態はどうだったかというと、たぶんぎりぎりのところを生きていたのではないかと思う。この当時は気づいていなかったのだが、子どもの頃に手術して治ったとばかり思っていた心臓は、実は別の疾患を発症していた。それは「僧帽弁閉鎖不全症」という疾患で、心臓の弁の一つ、僧帽弁がしっかりと機能せず、血液が逆流してしまうという心臓弁膜症の一種だ。悪化するまで症状に気づかない人が多いと言われるほど普通に生活ができてしまうらしいが、このときの私は、軽度の弁膜症の心臓で、あと二人分の心臓を動かしていたことになる。体内に心臓がもう二つあるとはすごいことだ。それをメインで動かす私の心臓が、実は弁膜症でした！って、笑えない事実だ（結局、二〇一八年に手術して治療した）。

今にして思うと、「確かにきつかったよな～」などと感じる。だって、歩くことさえできなかったもんな～なんて思う。呼吸は浅いし、体は浮腫《むく》むし、さすがの双子妊娠、楽にはいかないね、などとのんきに構えていた。しかしそれでも、私は双子妊婦の割には元気だったし、体重もさほど増えなかったし、お腹は重いが、顔色が悪かったり、心拍数が多かったりといった異常はほぼなかったのだ。血圧も正常値から少し高いぐらいで、その他の数値も双子妊娠中にしては良好だった。

管理入院の当日に……

そして妊娠八カ月となり、とうとう管理入院する日がやってきた。予定日から考えると、だいたい三週間ぐらいの入院になるだろうということだった。大変だけど、三週間ゆっくりして、早産しないように気をつけて、そこから帝王切開で出産となりますねと説明を受けた。三週間、マンガでも読むかと思ったものの、まだ片付いていない仕事が少し気になっていた。病院にパソコンを持ち込んでもいいかと尋ねると、軽く呆《あき》れた顔で「いいですよ」と看護師長さんが言ってくれた。だから、私はノートパソコンを準備して、資料などもまとめて入院バッグに突っ込んだ。

夫に車で送ってもらい、とうとう病室に入った。大きな四人部屋だったけれど私以外は誰もおらず、広々として気持ちの良い部屋。私は荷物をベッドの上に置くと、まっさきにノートパソコンを引っ張り出して、小さなテーブルに置いてセッティングした。これでばっちりだ、寝転がりつつ原稿を書いちゃえばいいのだ！　やった〜！　仕事しながら寝ていいだなんて〜と、若干ウキウキしていた。

病室に来る看護師さんが、でっかいノートパソコンをちらっと見ては、「あまりお仕事しないでくださいね」などと言っていた。私は適当に「はーい」と答えていた。大人しくベッドに寝て、一時間ぐらいが経ったときだったと思う。一気に退屈してきた。何もせず寝ていることがなにより苦手な私だ。いいや、ちょっと起きて仕事しちゃおと思い、起き上がり、ベッドに座ってノートパソコンを開いた。そして文字を打ちはじめた瞬間だった。「ン?」と思った。「あれ?」と思った。なんと、入院一時間にしていきなり破水したのだ。それもパソコンを開いた状態で。

すぐにナースコールをした。駆けつけた看護師さん達は、「えっ! もう?」と驚いていた。それはそうだろう、管理入院してきた患者が入院後一時間で破水なんて話が早すぎる。それも仕事しようとしていたなんて、恥ずかしい。すぐに主治医が呼ばれ、診察となった。主治医曰《いわ》く、「今日生まれたとしても問題ないぐらい育ってますので、帝王切開しましょう。破水したものは仕方ない」。心構えもない状態で若干焦ったものの、少し考えて心を決めた。よし、いざ!

しかしそこで主治医は「ここの病院より設備が整った病院に転院しましょう。赤ちゃんのためを思うと、大きいNICU(新生児集中治療室)があったほうがいいでしょう」と言った。「それじゃあ、救急車で行きましょうか」と立て続けに言われ、驚いた。病院には慣れっこの私も、救急車に乗ったことはなかった。正直に書けば、ちょっと興奮した。車椅子で病室に戻され、支度をするように言われた私は、こっそり携帯電話をポケットに入れた。救急車の内部の写真を撮影して友達に自慢しようと思っていたのだ。

今考えると、本当に命知らずというか、だいじょうぶかと自分に聞きたいものだが、むしろそれでよかったのかもしれない。この後が結構大変だったからだ。

救急車で搬送された先は京都市内の大きめの大学病院だった。そして、そのまま手術室に運ばれ、バッサリと切られ、双子は無事に産まれたのだった。産まれてきたばかりの双子は確かに小さかったけれど、元気に産声をあげていた。かわいいとか、うれしいといった感情よりも、無事に出産が終わったことに安堵《あんど》していた。医師は私を心配させまいと、「大丈夫ですよ。十分育っていますよ」と言ってくれた。少しの間、保育器に入るということだったが、設備が整った病院だったこともあり、不安はなかった。喜びはじわじわと湧きあがってきた。

私は出産後に心臓の不調が原因で入院が長引き、双子も低出生体重児（双方一八〇〇グラム程度）だったために退院が延びた。私が先に退院し、双子は私よりも一カ月ほど長く入院したものの、その後は順調に育ち、今となっては二人とも私よりはるかに背が高く成長している。

乳児期の過酷さ

粉ミルク・バイクぶちまけ事件

猛烈サラリーマンとワンオペ妻

育児の何がそこまで大変なの？　そもそも、大変だということはわかっていて、それでもあえて出産したのでしょう？と、私自身も何度か言われたことがある。そのたび、何も言い返せず、口ごもるだけだった。悲しい。

今だったら、育児の何がそこまで大変なのだと問われたら、「孤独」が一番辛いのだと大声でハキハキと答えることができる。大変だとわかって産んだのでしょう？と言われれば、それはもちろんわかっていたけれど、ここまで大変だとは夢にも思っていませんでした！と答える。特に、ゼロ歳から二歳頃の育児はどんなにタフな人でも苦労するのではないだろうか。

いつの間にやら、世の中にイクメンという言葉が登場し、確かに、街には赤ちゃんを抱っこ紐で抱える若い父親たちの姿が増えたものの、自分の周りを見回すと、そんな人はあまりいなかったし、自分の夫もいわゆるイクメンタイプではなかった。私の数少ないママ友たちの夫は、ほぼ全員が今どきのイクメンのイメージからは遠く、どちらかというと、外でバリバリ働き、稼ぎ、育児は妻に完全に任せるタイプの人が多かった。しかし、そんな夫たちが悪い夫かというと、皆が気のいい、優しい人たちで、それぞれが幸せに暮らしているように見えた。それでもやはり、子育てを一手に任されたママ友たちは疲れ切って見えた。

わが家も似たような環境だった。私の夫はとても真面目なサラリーマンだ。休まず働き、双子が赤ちゃんの頃は猛烈に残業をしていた。朝、七時に京都の職場へと向かい、琵琶湖北西部のわが家に戻るのは、ほぼ深夜になることも多かった。疲れて家に戻り、食事をして、風呂に入って、寝るのが精一杯の生活。そして、数時間寝て、また職場に戻る。家にいるよりも、職場にいるほうが長いような毎日だった。

双子と一緒に家から一歩も出られず、ほぼ眠ることができないような暮らしをしていた私は、そんな疲れ切った夫の帰りを今か今かと待って、毎日をどうにかしてやり過ごしていた。双子はひっきりなしに泣き続けた。一人がようやく眠れば、もう一人は目を覚ました。一人が風邪を引けば、もう一人も必ず風邪を引いた。とにかく誰かがつきっきりで面倒を見なくてはいけない。その誰かは、ほとんど私だった。夫が戻れば、三十分でも育児を代わってもらうことができる。その間に自分の好きなことができる。

今となっては夫も大変だったに違いないと思うけれど、私自身も辛い時期を過ごしていた。そんなギリギリな日々は、今にして思えば、完全な悪循環のはじまりだった。

双子を連れて外出するのは至難の業

なにせ、双子育児は買い物さえ難しい。双子用ベビーカーには、縦型と横型があるが、横型に乗せるとスーパーの通路を歩くことができないし、縦型に乗せると、通路の角を曲がるとき、曲がった先に何があるのか見ることができない。横型も縦型も、二人を乗せたらカゴを持つことができない。まさか、カゴを載せたカートとベビーカーを同時に押すこともできない（腕が三本あったら可能かもしれないが）。

横型も縦型も、危なくてエレベーターを使うことはできなかった。横型だと、エレベーターに入る瞬間に必ずどこかがドアに引っかかるし、縦型の場合、入っていく最中にドアが閉まるのではという恐怖が先立って挑戦したこともない。それに、何人も乗っているエレベーターに、双子用の大きなベビーカーとともに乗り込むのは気が引けた。周りの視線が怖かった。

たとえば近所の公園に行ったとしても、二人を同時に遊ばせるのは至難の業だ。一人が右に行けば、もう一人は必ず左に行くのが双子というもの。睡眠不足の状態では公園に行くのでさえ、気が重い。重いのは気持ちだけじゃなくて、どんどん成長する双子は実際に重かった。双子の移動には、大人が二人は必要なのだ。そういう理由もあって、昼間、私は引っ越したばかりの家のなかで、双子につきっきりの日々を過ごしていた。そして、今か今かと夫の帰りを待っていたというわけだ。

引っ越したばかりの田舎町で、相談相手も多くはなかった。乳児検診で出会ったお母さんたちと話すことはあったけれど、双子の成長について保健師さんに何を言われるのかと不安で、会話の内容なんて記憶に残らなかった。ああ、なんて恐ろしいことだ……。

「育児」の脇役になろうとする夫

私の夫は確かにイクメンというタイプではないけれど、それでも育児の手助けはしてくれた。頼まずとも、おむつを替え、ミルクを作り、私が双子のどちらかにかかりきりになっていると、残りの一人の面倒を見てくれた。その点はとてもよい父親だった。

しかし、一点だけ彼に難癖をつけるとしたら、彼のなかには、「育児は母親がすべてやるべきもの」という考えが根強くあったことだ。つまり、彼が手助けをするときは、それは彼の好意からであり、彼自身は育児を自分の責任で行うべきものだと捉えてはいなかったと思う。それよりなにより、仕事だった。仕事をしっかりとすることが、父親の役目だと信じていたと思うし、育児は私の方が得意だろうと漠然と感じていたのだと思う。そんな夫は、育児というステージに立つと、突然、脇役になろうとした。私からすると、ちょっと待って、この舞台で主役は二人だよ?という気持ちが常にあったのだ。

脇役としての育児が辛くなると夫は、必ず別の脇役を舞台に送り込んできた。わが家から車で二十分程度の距離に住む義母だ。夫は自分が困ると必ず、「母さんに頼めばいいじゃないか」とか、「おふくろだったら、たぶんこうする」なんていうタブーを口にした。私からすれば、夫の口から最も聞きたくない言葉だ。私たちの舞台に、突然そんな個性派俳優を送り込まれてもという気分だし、実際、義母はキャラクターの強い人で、数々の神話を信じる人でもあった。その神話とは、母乳神話であるし、三歳児神話であるし、手作り神話だ。そのすべてを全力で否定したい私とは、あらゆる点で意見が異なった。そして義母は、脇役というよりは、主役を張りたいタイプの人だった。

夫の両親には、様々な形で育児を支援してもらった。双子が二人とも発熱すれば、小児科の受診に付き合ってくれ、私が疲れているときは食事のしたくなども率先してやってくれた。もちろん感謝はしているが、心に一ミリも余裕のなかった私は、彼らの手助けさえも受け入れることができないほどに追いつめられていた。

避難部屋に籠もる夫

追いつめられていたのは、夫も同じだっただろう。子どもと妻のためにと必死に働いて家に戻れば、泣き続ける双子と疲れ切った妻が虚ろな表情で待っていたとしたら、悪夢のようだ。そのうえ、妻は苛立ち、部屋は荒れ果て、洗濯もロクにできていない状態だったとしたら？　私が逆の立場でも音を上げそうだ。

残業が続く日々には、夫は双子とは別の部屋で眠るようになり、早く家に戻った日も、双子と時間を過ごすことなく、いつもの避難部屋（と、私は呼んでいた）に籠もり、テレビを見るようになった。「頼むから、たまには休ませてくれよ」と夫は言った。その台詞《せりふ》は私のものだと思いつつも、言い争う気力もなかった私は夫の言葉を受け入れ、夫が残業から戻った日は、彼の好きなようにさせていた。そしてますます追いつめられた。

夫はいきいきと仕事に邁進《まいしん》するようになり、私は孤独を感じるようになった。私はこの広い世界で、たった一人でこの双子を育てているのだと考えるようになり、たとえ家のなかに誰かがいたとしても、私は一人なのだと信じ込み、双子を育ててあげなければ、絶対に失敗してはならないと、決意を固くした。そう考えるようになった途端に夫への執着が薄れ、夫が「今日は残業」とメールを寄こせば、「がんばって」と答え、「今日は送別会」と言われれば、「了解」と返すようになった。

夫が家にいようがいまいが、まったくこだわることもなくなったし、むしろ、夫の手から育児を取り上げるようになっていった。なぜなら、この育児は私一人が完璧にやり遂げなければならないものだと、私がぎりぎりの精神状態で、自分を追い込んだからだ。

両腕にミルク缶を抱えて……

そんな恐ろしいある日のこと、夫がいつものように、「ごめん、今日は送別会！」とメールを送ってきた。双子の面倒を見ながら、いつものように「了解」と返事を出した。そして、ようやく眠りはじめた双子に添い寝して、私も、うとうととしはじめた。三十分ほど経ったときだろうか、メールの着信を知らせる音が携帯から鳴った。夫からだった。今から帰るというメッセージとともに、ラーメン店で同僚とラーメンを食べ、笑顔でピースサインをする夫の写真が添付されていた。それを見た瞬間、私のなかで何かがはじけた。ふらふらと立ち上がった私は、両腕に育児用粉ミルク缶を抱えて、ガレージまで歩いて行った。

ガレージに行き、夫が大切にしていたバイクの前に立ち、ミルク缶の蓋を開けた。そして、中身をすべてバイクにぶちまけた。一缶が終わり、そして二缶目もすっかり空にした。そして、空になったミルク缶を渾身《こんしん》の力でガレージの壁に叩きつけ、バイクを思い切り蹴り、静かに双子の寝ている部屋に戻って、私も眠ったのだった。

この日以降、夫は徐々に変わり、育児に積極的に関わるようになった。私は夫の助けを徐々に受け入れるようになり、安心して育児を夫に任せるようになった。私も夫も、バイクの話は口にしなかったし、夫はガレージのミルクの粉をきれいに片付け、何ごともなかったかのようにバイクを磨いて、そのまま乗り続けた。

この大事件から数年経過したある日、外出から戻った夫が、「バイクで信号待ちしてたら、ハンドルのあたりから粉ミルクが落ちてきたわ」と愉快そうに言った。今となってはわが家の定番の笑い話になっているが、当時はそれほどまでに追いつめられていたのだと、ふと恐ろしくなることがある。

出産と仕事

出産・育児で仕事を失いたくない

双子がまだ幼かったときの私の自慢というか、決め台詞といえば「産休ゼロで仕事復帰！」だった。自分でも、私ってもしかして凄いのではないだろうか、スーパーウーマンじゃないかなと考えていた。なにせ、管理入院したその日に破水し、帝王切開で出産した翌日に、すでに病室で原稿を書いていたのである。誰からもそこまで急《せ》かされてはいないというのに、出産したことで、万が一にも仕事を失いたくないと焦っていたのだ。バカだねえ……。

フリーランスの焦り

よく言われることではあるけれど、この世知辛い世の中で、フリーランスには長期休暇など、ないも同然だ。ましてや、出産は個人の事情であると当時の私は思っていたし、世の流れもそうだった。出産直後でそれまでと同量の仕事がこなせないとなると、使いにくい人材だと思われるのではないか。急ぎの仕事を依頼することはできない翻訳者だと思われるのではないか。そんなことばかり気にしていた。今の私にはわかることだけれど、このときの私が最も気にしなければならなかったのは、仕事のことではなく、自分自身の健康のことだった。

出産直後のフリーランス仲間は、徐々に受注の数を減らし、最終的には仕事をあきらめざるを得ない状況に陥っていた。残念ながら、それが現実だった。私は干されたくない。なんとか仕事を受注し続けたい。当時の私は、出産を終えた女性に対するあまりにも不公平な状況に抗《あらが》うのではなく、自ら屈していたというわけである。

だから私は、一時も休むことなく、仕事をし続けるのだと決意していたし、出産の翌日に原稿を書くという常軌を逸した行為は、その決意表明のようなものでもあった。ちなみに出産翌日に書いていたのは、元アメリカ大統領補佐官コンドリーザ・ライス氏についての文章だった。書いている場合ではなかったのに。

今にして思うと、大丈夫かな？という気持ちになる。人生について、命について、一から考え直した方がいいのではないか。当時の私の頭の中を、是非覗《のぞ》いてみたい。たぶん、空っぽだ。そのあと、地獄が待っていることもわからなかったんだねと、五十歳をすぎた今の私は、三十五歳の私を温かい目で見守りたい心境になっている。本当に可哀想《かわいそう》な子。

双子はとんでもなくお金がかかる

双子を連れて退院した可哀想な子である私は、連日寝ることもままならない状態だというのにもかかわらず、しっかりと仕事をしていた。

当時、仕事の多くは書籍の翻訳ではなく、企業などから依頼されるビジネス書類の翻訳だった。書籍の翻訳は年に一冊あるかないかの状態で、完全に鳴かず飛ばすの状況だ。今でもそうでしょと言われたら、確かにそうなのだが、当時はよりいっそう仕事にあぶれていた。だからこそ、必死に働いていた。率直に書けば、一円でも多く稼いでいたかった。

なにせ、双子育児にはとんでもなくお金がかかるからだ。

病院を退院するとき、看護師さんに「双子育児は量で勝負。哺乳瓶もミルクも、たっぷり揃えるべき」とありがたい助言を受けていた私は、素直にそのようにしたし、それで育児はずいぶん楽にはなっていた。しかし、当時の私の稼ぎは、必死に働いている割にはあまり多くなく、夫は三十代後半のサラリーマンだ。家も建てたばかりで、家具も揃っていない状況で、預金額は減るばかり。私は徐々に焦りはじめた。

翻訳の仕事をより多く受注するためには、翻訳会社に翻訳者として登録されなければならない。登録してもらうためにはトライアルと呼ばれる試験を受け、それに合格する必要がある。ある程度の分量の課題文章を訳して提出し、会社側の求めるクオリティに達していれば、採用ということになる。

私は双子の育児をしつつ、そのトライアルをできる限り受けるようにした。そして、以前から付き合いのあった出版社の編集者たちに連絡を取り、「何か仕事ありますかね」などと、聞いてまわるようになった。

その甲斐《かい》あってか、徐々に仕事は増えていったが私自身はボロボロだった。子育て真っ最中で、大きな仕事を請け負うことができない私の収入は、どれだけがんばっても、ひと月で十万円に届かなかった。仕事量にも波があり、到底、安定していると言える収入ではない。子どもは成長するにつれ動きまわるようになり、大声を張り上げ私を呼び、そしてひっきりなしに飲み、泣いた。

「三歳児神話」のプレッシャー

そんな私を助けようと、夫の両親が足繁《あししげ》くわが家に通ってくれたのだが、どうしても意見は合わない。義母に子どもたちを完全に任せて仕事をしようにも、やりにくい。できれば、どうしても必要だと思うときだけ、来て欲しいというのが本音だった。心の底からそう言いたかった。でも当時の私には、そんなことは言えなかった。実家の母も仕事に追われていて、しばらく休んで手伝いに来て欲しいとは頼めなかった。そしてどんどん追いつめられ、まさに四面楚歌《しめんそか》の状況になっていった。

私の窮地を救ってくれたのは、実は同じフリーランス仲間だった。彼女も翻訳者で、わが家の双子と同じ二歳の息子を持つ母親だった。私が、もう限界だわと弱音を吐くと、彼女は驚いた様子で「え？　もしかして、まだ保育園に預けてないの？」と言った。

恥ずかしながら、当時の私は、どのようにすれば保育園に子どもを預けることができるのか、どのような条件をクリアすれば、保育園に通わせることができるのか、まったく知識がなかったし、子どもを預けるということさえ、考えたこともなかったのだ。なぜかというと、幼い子を持つ母親たちを長きにわたって呪い続けている、悪名高き「三歳児神話」だ。

私の母も、夫も、夫の両親も、この三歳児神話（三歳まではどこにも預けずに親が一心に愛情を注いで育てるべき）をあっさりと信じていた。私は当時から、この三歳児神話に対しては、ケッ！という思いしかなかったが、周囲からのプレッシャーに負け、「幼稚園に通わせるのは三歳からかな」と、漠然と思っていた。それと同時に、フリーランスで働いている親の子どもは保育園に通うことができないのではないかと、調べることもなく、勝手に信じていたのだ。そんな私に友達は、「はぁ？」と言った。「っていうか、そんな状態でどうやって仕事してるの？　子どもも自分も可哀想でしょ」

この友人の言葉に突き動かされるようにして、私は様々な手続きを猛然と済ませ、わが家から車で十分ほどの場所にある、市営の保育園を見つけ出し、見学の申し込みまであっという間に済ませた。朝の九時から夕方の五時まで双子を預かってくれるなんて、そんなうれしいことが本当に起きるのだろうか？　その間、自由に寝たり、仕事をしたりできるって、そんな幸せなことがあるだろうか！　高鳴る胸を鎮めつつ、私は保育園へと意気揚々と向かった。

大きな家のような保育園へ

しかしそこにあったのは、とんでもなく古くて、ボロボロの建物だった。正門を何度も見て確認して、確かにそこが目指す保育園だとわかったものの、あまりの古さに度肝を抜かれた。当時の私はまだまだ新米母で、お金もないのに夢ばかり抱いていた。きれいな建物のなかの、パステルカラーの壁紙が張られたかわいいお部屋で、やさしい保育士さんと一緒に、柔らかな光に包まれた双子が、北欧から輸入された美しい木製玩具できゃっきゃと遊ぶ姿を夢に描いていたのだ。そんなのないですから！

恐る恐る建物のなかを覗き込んだ私が目撃したのは、おむつ一丁で奇声を発しながら裸足で縦横無尽に走りまわる幼児の集団と、それを追いかけまくる、いかにもベテランといった保育士のみなさんだったのである。

行くべきか、それともドタキャンするべきか。悩みに悩んで、ええい、なるようになれ！と、ぎぃぎぃと音を立てる錆《さ》びた門を開けたのだった。

出迎えてくれたのは、明るい雰囲気の園長先生だった。サバサバとした口調で、「見学の村井さんやね！」と私に言うと、「どこでも自由に見ていいわよ！」と園内を指さした。

職員室の斜め前にある給食室では、調理器具の清掃が行われており、それをじっと見る私に気づいたのか、園長先生は「うちは給食室が建物のなかにあるの。ここで毎日、おやつや給食が作られています。おやつのメニューだとか、給食のメニューはそこに置いてあるから、持って帰ってくださいね！」と言った。そういえばなんだか、美味しそうなにおいがふんわりと漂っている。「今日のおやつはお麩を使ったラスク。園児たちの人気メニュー」、そう説明する園長はにっこりと笑っていた。いいかもしれない。そう思った。

明るい園内を歩くと、園児たちが帰り支度をしていた。保育士のみなさんが、その園児たちの間をすいすいと自在に動きまわりながら、部屋の片付けをしている姿が見えた。各教室には遊具やロッカー、シャワー室があり、子どもたちが使うたくさんの荷物が置かれていた。

そこはまるで、大きな家のようだった。子どもたちが朝から夕方まで安全に過ごすことができるように、何から何まで揃った場所だった。お昼寝用の布団セットには、色とりどりのカバーがかけられていて、子どもたちが毎日寝ている姿が思い浮かぶようだった。建物は古いし、町の外れにある保育園だけど、のんびりとした雰囲気がいい。体を動かすのが大好きな子どもが多いですよと園長は言っていた。私は心を決めた。

ゆっくり考えてねと園長は言っていたが、年度途中の入園となっても、私としては急ぎたかった。双子をとうとう預けると決めたことに不安と寂しさを感じつつも、絶対にこのチャンスを逃してはならないと決意を固めていたのだ。

保育園

母親として鍛えられた四年間

保育園の見学に行き、双子を預けることを固く心に決めた私は、鼻息も荒く家に戻り、様々な事務的手続きをあっという間に済ませ、入園の申し込みを完了させた。あとは役所の認定を待ち、選考をクリアし、健康診断を受ければ入園できるところまで辿《たど》りついたのだ。心から安堵した。

双子育児は自分の限界を常に試されるように過酷なものだ。体力の限界を試されるのは、まだ我慢できる。しかし、精神の限界を試されることは辛かった。精神的に、自分は危険なレベルまで達しているとの自覚があったからだ。育児から逃げたいと日増しに考えるようになっていたし、わが子に対する愛情というものがどんな感覚なのか、思い出すことができなくなっていた。自分の子どもを見ても「かわいい」という気持ちが湧いてこなくなったのだ。

産む前も後も、同じ「私」だ

世間では、母親は子どもに対して自動的に無償の愛を注ぐことができる存在だと思われているようだけれど、それは母親全員に当てはまる話ではない。そもそも私たち母親は、「母」という称号を与えられる前は一人の人間で、それぞれが、それぞれの人生を謳歌していたはずだ。趣味に、仕事に、推《お》しに自分の情熱を傾けて暮らしていたはずである。そんな私たちが、妊娠、出産を経て母親になると、それまで大事にしていた「私」という存在に、いきなり大きなバッテンをつけられる。それも、バッテンをつけるのは自分以外の人である場合が多い。そしてすべての情熱を子どもだけに注ぎ、自分を完全に封印して、子育てに命も魂もかけるのが「良き母」とされる。

ちょっと待って欲しい。私は子どもを産む前も後も、同じ「私」なのだ。これっぽっちも変わりはしない。母親だったら当然のことでしょと切り捨てるのは簡単だろうけれど、自分を封印してまで注ぐ愛情は、本物の愛情ですか？　そんな悲しい気持ちになってくる。なにより、私はこんな状態では幸せとは言えないのではないか……そんな考えが頭のなかをぐるぐると回って、そして止まらなくなっていたのだ。

自分でも、危ない場所にいるとはっきり認識しているにもかかわらず、脳裏に走る冷たい感情は、走り出すと止めることはできなかった。自分ではコントロールすることができない感情が自分にもあることを、このとき初めて知った。ここまで追いつめられても、母親というのは、結局育児の手を完全に止めることはない。なにがなんでもやり遂げようとする。そのうち、無意識にやり遂げるようになる。ただし、そのつけは後から回ってくる。そうなる前に、私は誰かに頼ることにした。その誰かとは、保育園だったのだ。

キラキラ笑顔の担任「ミー先生」

田舎の保育園で待機児童もいなかったことから、認定はすんなり下りて、入園が決まった。園長から連絡が来たのは、初めて見学に行ってから、一週間後ぐらいだったように記憶している。

「担任を紹介するから、お子さんといっしょに来てくださいね」という声を聞いた私は、受話器を握りしめて、「ありがとうございます！」と叫んでいた。

指定されたのは、平日の午後五時だった。その時間であれば、子どもたちの多くが帰り支度を済ませているし、先生たちにも余裕があるからだ。双子を連れて保育園に到着すると、さすがに緊張した。

わが家の双子は、普段、私と一緒に家のなかに引きこもる生活を続けていたために、保育園のなかに入ると明らかに興奮し、見たこともないような遊具に声をあげて喜んでいた。兄も弟も一気に泣き出すというパターンを想定していたけれど、私の予想は大いに外れ、二人は靴を放り出すように脱ぐと、長い廊下を一気に走り始めた。それも、延々と。もっと走ってくれ。走って、走って、体力が尽きるまで走りきって、そして今夜は早く寝てくれ……と、祈るような気持ちで職員室に向かい、待っていてくれた園長に声をかけた。園長はにっこり笑うと、「そっちの教室です」と、廊下の先を指さした。私は緊張しながら、その教室に向かった。

そこで出会ったのは、双子の初めての担任となる、通称「ミー先生」だった。私と同い年ぐらいの、とてもかわいい先生だった。まるでアイドルみたいだ。そのうえ、声までかわいかった。子どもたちに人気だろうなあ、ラッキーだなあと考えていると、ミー先生はニコッと笑って、「こんにちは！　ミー先生です！」と、両手を胸の前でパーにして、ひらひらっと振ってくれた。度肝を抜かれた。私にはないタイプの明るさだ。保育園という特殊な空間の、特殊なコミュニケーションに初めて接した瞬間だった。

挨拶を済ますと、ミー先生は私を教室に引き入れ、なかを見せてくれた。「ここがトイレとシャワーで、それでここがロッカー。ここに毎朝、持ってきてくれた荷物を入れます。双子ちゃんだから大変ですね～」とキラキラとした笑顔で言ってくれた。「持ち物は、おむつ十枚、肌着三枚、パンツ三枚、スタイ（よだれかけ）五枚、シャツ三枚、ズボン三枚、それからスプーンとフォーク、ハンカチ、タオル、ノートって感じかな？」と、ミー先生は早口で言い、チャーミングな笑顔で首をかしげた。常にテンションが低めの私は、そのミー先生の明るい雰囲気に困惑してしまったものの、これこそが保育園の世界を取り巻く絶対ルールだということに後々《あとあと》気づいた。

保育園の手厳しい洗礼

教室に走りながら入ってきた双子を見て、ミー先生は、「キャー！　そっくり〜！」と喜んだ。「こんにちは〜！　これからよろしくね〜！」とミー先生は明るく言い、双子を遊具で遊ばせつつ私と雑談をし、まずは慣らし保育からはじめましょうと提案してくれた。慣らし保育とは、本格的に保育園に預ける前に一週間程度、一日数時間を保育園で過ごすことだ。子どもが環境に慣れることができるように行われる保育のことで、簡単に言えば、お試し期間のようなものだ。お試しであってもありがたい。一日数時間であっても完璧だ。

私はわくわくして、はやる気持ちを抑えながら、大きな声でミー先生に、「それでは先生、双子をよろしくお願いします！」と頭を下げた。すると、それまで明るい声で話していたミー先生が、一オクターブぐらい声を下げて、「いや、保育は保育園とお母さんが協力してしますので」と言った。「へ？」と思った。「保育園が育てるんじゃないですよ。お母さんが働いている間、私たちが第二の母としてお世話するんです。だから、それを忘れないでください」と、若干冷たく言った。そのときの私の気持ちはといえば、「そんなに怒らなくてもいいじゃん」だった。「その通りですね、先生」と受け取ることはできなかった。

厳しい洗礼だったなと今では思う。先生が言いたかったことも、よく理解できる。保育園の世界は、交渉の繰り返しだ。先生たちも、一筋縄ではいかないベテランが揃っている。一刻も早く子どもを預けて職場に向かいたいと焦る母親と、大勢の子どもを安全に保育しようと奮闘する保育士が混在する世界の厳しさたるや、パステルカラーのふんわりとしたものとはほど遠かった。何も知らない私にとっては厳しい船出だったが、この日を境に、私自身も交渉上手な母親へと変わっていった。つまり、徐々に打たれ強くなったのだ。

ドライでストイックなお母さんたち

帰路につこうと玄関に向かっていた廊下で、数人のお母さんたちとすれ違った。双子と同じ教室に子どもを預けている彼女たちは、それぞれ仕事を終え、疲れた様子で教室にやってくると、子どもたちの大量の荷物をよっこらしょと担ぎ、「それじゃあ先生、ありがとうございます！」と、本当にあっさりと声をかけて、さっさと帰って行った。

私の脳内にあったイメージでは、保育園に戻ってくるお母さんと先生の間には、今日は何をして遊んだかとか、今日はどんなお勉強をしたのかとか、どんな絵本を読んだのかなんて会話がキャッキャと繰り広げられていたのだが、そんな会話はあってもひと言ふた言で、本当にあっさりとしたものだった。

双子の保育園生活がはじまると同時に、徐々に他のお母さんたちと言葉を交わすようになったのは新鮮だった。「ママ友」という呪われしワードを人一倍恐れていた私のガードは堅かったのだが、彼女たちはあっけないほどドライで、そしてストイックだった。

とにかく、仕事だ。毎朝、キリリとした表情でやってきては、先生に子どもを任せ、エンジンを噴かせて風のように去って行く。例えば駐車場で立ち話をしている姿は、めったに目にしない。拍子抜けするほど、彼女らは私にとって理想の仲間になってくれそうな気がした。

徐々に保育園に慣れはじめた私は、数人のお母さんと顔見知りになった。すぐに仲良くなれたわけではなかったけれど、ほんの数分言葉を交わしただけで、いい人だなと思うことができる人たちにめぐり会うことができた。

なぜなら、私たちには共通点があったのだ。仕事をやめるつもりはない。家事だってできる限りやりたい。でも、時間がない。体力が追いつかない。子育てに疲れ切った。だから、ここに来ている。ここに子どもを預かってもらっているあいだは、自分の仕事に打ち込む覚悟はできている。そんな共通点だった。

そんなこんなで、結局わが家の双子は、この保育園に四年ほどお世話になった。私が母親として最も鍛えられ、打たれ強く変わったのが、この四年間だったと思う。

保育園

苦手だった運動会で号泣する

ようやく、待ちに待った私と双子の保育園生活がスタートした。しかし、慣れない世界にいきなり飛び込んで、最初は戸惑うことばかりだった。入園するまでまったく意識していなかったことが次々とクリアに見えはじめ、私にとっては新しい発見と緊張の連続だった。

入園直後、比較的すぐに気づいたのは、同じ保育園に子どもを通わせる保護者たちのなかで、自分が最も年上のグループに属していること。子どもたちの送り迎えの時間に顔を合わせるお母さんやお父さんたちが、びっくりするほど若いのだ。

私は普段から、あまり年齢差を意識しない人付き合いができるタイプだと考えていたけれど、それが育児の世界となると話はちょっと違う。自分に「母」という属性が加わった途端、年齢差が気になるというのは、自分のことながら興味深い。きっと私のなかにも、「かわいいお母さんでいたい」とか、「きれいなママと呼ばれたい」という憧れのようなものがあったのだろうと思う。今は一ミリもないけれど。

若いお母さんを見て、少しだけ胸が痛む

朝だというのに完璧な化粧をし、ツヤツヤのロングヘアをなびかせるようにして職場へと急ぐ若いお母さんたちを見るたびに、過酷な育児をしながら、どうしたらあんなに美しい姿でいることができるのかと驚いたし、憧れた。そして少しだけ胸が痛むのだった。もしかしたらうちの双子も、あんなお母さんたちを見て、かわいいな、ステキだな、うちのお母さんもあんな人になって欲しいな、と思うのではないかと考えた。保育園の手洗い場に設置されている鏡に映った自分の姿をぼんやり見ては、そう焦るのだった。

朝から明るくて、かわいくて、とても元気な若いお母さんを見るにつけ、彼女たちの体力と、母としての優秀さのようなものに感嘆した。今にして思えば、私は肉体的にも精神的にも、他のお母さんに比べて多少なりとも大変な出産と育児を経験しているのだから、自分に少し甘めの点数をつければよかったと思う。そもそも私は自分に甘い人間だし、何ごとに対しても強いこだわりはないはずだし、プラス思考の人間だ。しかし、やはりここでも、自分が「母である」という気負いが邪魔をした。自分のなかにいつの間にかできあ

がっていた、理想の母像に、なるべく近づきたいと思っていたのだろう。

周囲のお母さんたちに、勝手に引け目を感じながら双子を預け、そそくさと車まで戻るという日々をしばらく続けるうちに、そんな若いお母さんたちと少しずつ打ち解けるようになっていった。というのも、彼女たちは多くが人懐っこい人たちで、気軽に私に声をかけてくれたのだ。私たちの共通点である「母である」ことは、あっという間に打ち解けるための魔法であり、切り札だ。これに気づいた私は、極度に自意識過剰になるのは、自分から彼女たちを遠ざけるようなものだと思い、話しかけられたら明るく返すように心がけた。十歳以上も年下のお母さんでも、私より育児に詳しい人もいた。逆に、彼女たちに比べて長めに社会経験を積んだ私は、彼女たちが笑い転げるような、とっておきの話をたくさん知っていた。

私は、「母である」ことよりも、「親である」こと、年齢は違っても、彼女たちと同じ一人の「大人である」ことが重要だと気づいていった。双子が大きくなった今も、この気持ちは大事に持ち続けようと思っている。私が目指すべきなのは、親であり続けること、大人であり続けることなのだと。

ベテラン保育士の本気を見た

徐々に保育園生活に慣れ、保護者という立場にも慣れつつあった入園二ヵ月目、初めての運動会が開催された。実は私は、運動会が大変苦手だ。保護者として参加する以前に、生徒として参加することもとても苦手だった。今まで、運動会が楽しいと思ったことなどあまりない。それは、運動が嫌いだという理由からではなく、その全体的な雰囲気が嫌いで仕方ないのだ。まず、大勢の人の前で走るなんて、おかしくてたまらない。小学生の頃から、必死にまっすぐ走ることが面白くてたまらず、徒競走は最初から最後までクスクス笑っているような子だった。応援合戦は、ただただ、恥ずかしい。組体操は沈黙が恥ずかしい。感動して泣く意味がわからない。とにかく運動会にまつわるすべてが、私にとっては理解できないものだった。

そんな私が、初めて保護者として運動会に参加したのだから、大変だ。特に、保育園というのは不思議な世界である。ベテランの先生たちが、本気で踊り、本気で演じ、本気で走る。普通に暮らしていると、大人の本気を見せつけられる機会はそうそうないものだ。眉間《みけん》にしわを寄せるタイプの本気は目撃することがあっても、顔にクマさんのお面がつけられているタイプの本気はめったにない。双子を産む前の私だったら、確実に逃げ出すシチュエーションだ。それなのに、運動会がスタートし、園児たちが運動場に飛び出してきた瞬間、いきなり涙が出てきた。

あふれる感動を抑え切れない

私のなかに、子どもの本気を見て感動する一面があったとは！　何を隠そう、私はそれまで感情の起伏があまり激しくないことで、友人や仕事の関係者からありがたがられていた。あなたはこれ以上ないほど安定しているから、付き合っていて楽だわと言われたことが何度もある。感情的に平坦だから、仕事のペースが一定でありがたいと言われたことも、数え切れないほどある。そんな私だというのに、双子が動物のお面をつけた先生に手を引かれて運動場に出てきた瞬間、あふれる感動を抑え切れないという異常事態になったのだ。長男も、次男も、慣れない状況に困惑しながらも、周りの園児たちに溶け込んでいた。その表情を見て、あろうことかオイオイ泣いた。

自分の息子たちの姿だけで感動したわけではない。全力で踊る先生たちの姿にも胸を打たれてしまった。子どものために、ここまで力を出し切る大人が身近にいてくれたことに感謝した。プロだなと思った。そしてそんなプロの大人たちが、こんなに小さな子どもたちの成長のために、すべてを準備し、作り上げてくれたんだと思えば思うほど、涙があふれてきた。会社では「感情がない」と恐れられている夫を見ると、夫も号泣していた。

そして私が一番驚いたのは、観覧に来ていた親たちの姿だ。カメラを構えて写真を撮るだけの人なんてほとんどいなかった。多くの親たちが子どもを大声で応援し、子どもの手を引き楽しそうに競技に参加する。私はというと、この時点でもまだ恥ずかしさを克服できておらず、なんとなく周りを気にしていたのだけれど、最終的には自分のことなどどうでもよくなった。子どもたちが楽しければいい、先生たちの苦労が実を結べばいい、そんな気持ちになっていた。気づいたら、双子と一緒に運動会を楽しんでいたのだ。

子どもにとって楽しいことが、大人にとって楽しいものとはかぎらない。大部分が、最初は退屈に思えると言ってもいい。その最たるものが子ども向けの教育番組だったり、保育園や幼稚園で日々行われている活動だろう。しかし不思議なことに、最初に抱いたちょっとした違和感や気恥ずかしさは、徐々に慣れていくうちに解消され、最後にはあろうことか、それが好きになってしまうというどんでん返しが待っている。この、子どもの世界に自分も入り込み、子どもと一緒に楽しむようになってしまうという現象こそ、親として、保護者として歩きはじめる第一歩ではないかと私は思う。

双子たちの世界が広がっていく

親として、私が徐々に変わりはじめた一方で、わが家の双子も着実に成長を遂げていた。

人見知りで大人しい性格の長男が、先生たちに心を開き、友達を作り、保育園生活を楽しむようになっていったのは大きな収穫だった。大人しい性格だけれど体力のある長男は、なかなか昼寝をしてくれない子だったが、保育園で昼寝の習慣が身につくと、家でもするようになった。生活のリズムが整うようになったのだ。これは私にとってはありがたいことだった。保育園の給食をまったく残さずに、なんでも喜んで食べることを先生に褒めちぎられていた長男は今でも、一切好き嫌いがなく、モリモリ食べては運動する活発な子だ。これもすべて、保育園で鍛えてもらったおかげだと思う。次男に比べて成長の遅れを指摘されていた長男が、多くの園児や先生とふれあうことで世界を広げ、どんどん外の世界に飛び出していこうとする姿を見るたびに、入園を決めてよかったという気持ちを噛みしめた。

社交的で明るい性格の次男は、保育園に通いはじめることで、ますます明るく、元気になった。そもそもおしゃべりだった彼が、よりいっそうおしゃべりになり、誰にでも笑いかけ、愛嬌を振りまき、どの教室にも顔を出すような人気者になった。次男の社交性は保護者の間でも話題になった。知らないお母さんに対しても、躊躇《ちゅうちょ》することなく話しかけていき、すぐに仲良くなってしまう。私よりもずっと、お母さんやお父さんの情報に詳しくなった。先生たちにも可愛がられ、園長室に入り浸り、まさに保育園生活をエンジョイするようになっていった。

　こうやって、保育園は私の育児にとって、なくてはならない大事な場所になっていった。もちろん、子育ての悩みがすべて解消されるわけではなかったけれど、保育園のリズムに慣れていくことで、私まで徐々に成長を遂げることができたのだ。それまで、接着剤で貼り付けられてしまったかのように密着していた私と息子たちを、先生がゆっくりと丁寧に引き剝がしてくれた。私は保育園が与えてくれた時間を通して、二人と離れてはじめて見える光景が、たくさんあることに気づいていった。こうして私は、高齢で、初産で、双子出産という大きなハードルを越え、ようやく母として歩き出したのだった。

父と子

夫、ふたご父に目覚める

本当にタイミングの悪いことに、双子の乳幼児期と夫の仕事の繁忙期は見事に重なっていた。働き盛りだった夫は、そろそろ昇進かという年代でもあった。設計をしている夫は仕事にのめり込むタイプで、とにかくやり始めたら気の済むまでやる。それは私も知っているので、働くなとはもちろん言わなかったが、それでもなるべく早く戻って欲しいと常に伝えていた。そうでないと、私が倒れてしまう。でも、ほぼ毎日、夫は最終電車で帰宅。仕方がないんだ、間に合わないんだからと、日付が変わった頃に疲れ切った顔をして戻り謝る夫を、育児でズタボロ状態の私が出迎えるというわけだ。地獄ですか？

保育園の行事に義母を派遣する夫

「俺も何もわからないままに父親になったし、自分の父親が仕事ばかりの人だったから、仕事さえちゃんとしていれば、家では休んでもいいと思っていた。だって、あなたはずっと家にいることができるわけだし……」と、夫は言うだけだった。あとは「お袋に頼んでくれ」。今となっては私も強くなったけれど、これは衝撃だった。育児で限界だという妻に、最も言ってはいけないひと言なのではないだろうか。当時の私はこんな夫の態度にますます追いつめられた。

多忙を理由に保育園の行事に参加しないときも多かった。双子だから、行事では必ず大人二人が必要となるのに、それでも夫は参加しない。極度の人見知りの夫は、人の多い場所に行くのを嫌うのだ。だから？　私だって人の多い場所は嫌いだし、なんなら保育園の先生も怖くてツライんですけど？という気持ちの私は、「あなたはそれでも親なのか」と夫を責め立てた。私に責め立てられて、渋々保育園にやってきた夫は、そこに立っているだけの人となった。棒倒しの棒か。保育園独特の雰囲気になじめず、緊張してしまうのだ。それは理解できる。私だって嫌だった。でも、子どものためじゃん？　なんでできないの？と、帰宅した私は夫に聞いた。

すると次の保育園の行事に夫は、義母を派遣してきた。絶対にやってはならない行いだ。社交的な義母は、誰よりも張り切ってお遊戯に参加し、ど真ん中で集合写真に写り、保護者たちと会話を弾ませた。知らない人を摑《つか》まえては、「あれがうちの嫁ですホホホ」とか、「できない嫁です」など連発した。今となっては笑える話だが、当時の私にはまったく笑えなかった。

外遊び・力仕事は夫、それ以外は私

どうしても精神的にもたなくなった私は、実の母に連絡を入れた。「もう無理。絶対に無理。お願いだから手伝いに来て」と必死に頼む私に、母はしぶしぶ「いいよ」と答えて駆けつけてくれたが（それでも二回ぐらいはドタキャンされた）、「うわ〜きれいな湖〜！」「わあぁ〜、素敵な山〜」と、完全な観光気分だった。でも、母に対して愚痴をぶちまけることで、心は若干軽くなった。「どんなことを言われようとも、何があろうとも、あなたが母親。それは絶対に変わらない」という母の言葉に慰められ、自信を取り戻していった。

母は義母に対しても冷静な態度を貫いた。義母の言う育児方法が違うと思ったら違う、正しいと思ったら正しいと面と向かって言ってくれた。「仕事を分担しなさい。すべてを母親と父親で半分ずつやるなんて無理なんだから」と私に繰り返し言った。そして夫には、「あなた、がんばってるわよ。これからもよろしくね」と言い、あっさり去って行った。

そこで私は夫に提案した。力のいる作業、犬の散歩、子どもの外遊びを担当してくれたら、それ以外はすべて私がやると言ったのだ。何をやったらいいのかわからず、一方的に責められ続けていた夫は、目を輝かせて喜んだ。アウトドアだったら任せておけ、いくらでも連れて行くと言った夫は、実際に、犬と双子を連れて家から頻繁に出て行くようになった。

就学前に父子で十キロサイクリング

三歳になると二人に自転車を買い与え、広場で特訓するようになった。双子は運動神経がよく、数日とかからず乗りこなし、補助輪もすぐに外れてしまった。夫は荷車を自作し、自転車で引っ張ることができるようにした。そこに犬を乗せ、そしてそれぞれ自転車に乗った双子を引き連れて、田舎町を三台の自転車（一台は犬の荷車付き）で走り回った。たぶん、近所で有名だったと思う。

次に夫はスケボーを三台買ってきて、広場で双子と練習しはじめた。これは双子の方があっという間に習得した。男子はなぜこうも乗り物が好きなのだろう。双子はスケボーにのめり込み、朝から晩まで乗り続け、クタクタになって家に戻るようになった。

双子は長距離のサイクリングも楽しむようになった。小学校に上がるまでには十キロぐらいの距離は簡単に走るようになった。また、犬との散歩で鍛えられていた双子は、小学校の低学年から夫に連れられて山にも登るようになっていた。大人でも半日かかるような険しく長い登山道をすいすい登って、平気な顔をして戻ってくる。私は心配で仕方なかったけれど、夫から携帯に送られてくる山頂での二人の様子を見れば、私といるときには見せないような笑顔なのだった。学校の先生たちからは、遠足に連れて行っても双子だけまったく疲れを見せないと驚かれたこともある。

夫が夏休みに入ると、犬を連れて琵琶湖まで泳ぎに行くのが日課となった。これは中学生になってからも続いている。早朝から昼過ぎまで男子三名が犬とともに泳ぎ、クタクタになって戻るのだ。双子は、これ以上ないほど充実した表情で戻ってくる。三人がいない間に、私は部屋を片付け、洗濯をし、昼ご飯を用意して、あとは昼寝をして男子チームの帰りを待つだけだ。

男三人でも生活が回るように

この男子チーム三名のアクティビティが定番になってから、私の負担はかなり軽くなったと思う。双子が六年生のときに私が数カ月入院したのがきっかけになって、実質、私がいなくても生活自体は回るようになった。三人が協力して、料理、掃除、洗濯までできるようになったのだ。入院していた病室に届く双子の食事風景は、いつもラーメン鉢に山盛りの白飯とふりかけが多かったけれど、それでもなぜか楽しそうだった。男だけの暮らしは雑然としていたけれど、これはこれでいいじゃないかとほっとした。

中学二年の夏には、ついにビワイチ（自転車で琵琶湖を一周すること）に成功した。親子三人で、約二〇〇キロを二日かけて走り切った。夜はホテルの温泉を堪能したそうだ。私は自宅で、時折送られてくる写真を眺めながら、成長したもんだなと思いつつ、犬とゆっくり過ごした。初めての三人だけの一泊旅行は相当楽しかったらしく、これからは夏の恒例行事にしたいと彼らは言っている。

精神面での成長を支えてくれる

今でも男子チームは共通の趣味で仲がよい。アウトドアスポーツ、格闘技、筋トレ、映画で連日盛り上がっている。夜になると、双子のうちのどちらかがリビングにやってきて、夫を見つけると、「パパ、ボクシング見ない？」と誘う。仕事が一段落つき、コロナ禍もあり帰宅が早くなった夫は、毎晩こうして息子たちにつきあい、映画を観たり、ボクシングの試合を見たり、犬を走らせたりして息子たちと時間を過ごしている。私が双子につきっきりで過ごした時間にはまだ足りないけれど、最終的にはきっと同じぐらいの時間を子どもと過ごしたことになるのではと思う。

思春期にあるため、些細なことで言い合いになり、少し険悪なムードが漂うこともあるが、夫も子どもたちもあっけらかんとした性格で、数日すると怒っていたことなど忘れてしまうようだ。定年退職まで十年を切った夫は、仕事や家族に対する考えが変化したようで（遅い）、息子たちのことを安心して任せられるようになり、私としては助かっている。

乳幼児期の過酷な子育てをほぼワンオペでやった苦しみは忘れがたいけれど、今、中学生になった二人の精神面での成長を夫が支えてくれていることは、なによりありがたい。

私自身は、息子たちが中学生になってからというもの、仕事量を増やし、子育てよりも仕事に一生懸命な状態だ。自分たちでなんでもできるようになってくれた双子は、本当につきあいやすい仲間のような存在になった。これから高校受験が待っているので、もう少し山あり谷ありの生活が続きそうだが、こんな状態でいられるのももう数年。いつか親元から離れていくのだから、今このときを、できるだけ楽しめるようにしようと考えている。

食事

子育ての悩みは「ごはん」が三分の一

育児の悩みの、もしかしたら三分の一ぐらいを占めているのが、日々の食事問題ではないだろうか。特に、離乳食に切り替わるあたりで悩むお母さんが多いのではと想像する。なぜかというと、私も、私の友人たちも大いに悩んできたからだ。双子の息子たちが中学二年生になった今現在（二〇二一年）も、私は日々、ため息をつきながら、「今日の晩ごはんは何にしよう」と考えている。

おかゆが飛び散ったフローリング

そもそも、私は料理することが嫌いではなかった。妊娠中は、子どもが生まれて成長したら、あれも作ってあげよう、これも作ってあげよう、食卓をカラフルに……などと妄想していた。しかし、現実は当然そうならなかったわけで、おかゆが飛び散ったフローリング、すりおろしたりんごにまみれた四つの手のひらを見て、肩を落とすような毎日だった。おかゆまみれの手で髪を引っ張られた日には泣きたくなった。離乳食ぐらいは手作りにしてあげましょうという、無言の圧力もひしひしと感じていた。その圧力とは、家族によるものでもあったし、自分自身の「良い母親は手作りするものだ」という強い思い込みからくるものでもあった。

離乳食が始まる時点で、最初からレトルトの離乳食でスタートできる人は勇気があると思う。レトルトの離乳食を食べさせることを否定しているわけでは決してない。自分のなかにある、良い母親像と正面切って戦って、見事勝利を収めた人たちなのだと尊敬しているのだ。離乳食に関しては、一部をレトルトに切り替えるのに、私の場合は一ヵ月ほどかかったと記憶している。もうこんなことに耐えられないと、インターネットで箱買いをした日をはっきり覚えている。罪悪感はなく、とにかく、もう無理という気持ちだったと思う。

軟らかい離乳食が終わったあとは、普通食への挑戦だった。親と同じ食材を使って別メニューを作るなんて特集は、育児雑誌でよく見かけるものの、その労力たるや……。料理は実際の行為だけではなくて、その準備に相当の時間を奪われるものだし、想像以上に高度な営みであるのだ。わが家の場合、双子の息子を連れて買い物に行くなんてことは不可能に近いものがあったので、週に何度か届く宅配を駆使して料理することになるのだけれど、睡眠不足が日常となっていた私にとっては、辛い作業だった。

「白いもの」しか食べなくなった長男

そして私を苦しめたのは、まずは長男の偏食だった。長男は食感や色に敏感な子どもだった。白ご飯の上にかかったカレーが気になって食べることができない。チャーハンはいろいろと混ざっているのでなんだか怖い。ブツブツしたものも嫌いだった。長男はやがて白い食べものしか食べなくなり、主食が塩むすびと耳を切った食パンとなった。楽と言えば相当楽なのに、私は落ち込むばかりだった。今の私であれば、飽きるまで白でがんばってくれと笑って言えるだろう。しかし当時の私には、この「白限定」という縛りが呪いのように思われた。

一方次男は、比較的、なんでも口にし、喜ぶタイプの子どもだった。しかし、新しい食材の受け入れに時間がかかった。子どもはほとんどがそうに違いないし、次男だけが特別気難しかったとは思えない。ただ、男児が二人して、色にこだわったり、慣れた食材しか食べなかったりとなると、さすがの料理好きの私も萎えたのだった。

そのときの気持ちを今思い出してみると、怒りではなく、諦めだったと思う。必死になって作る食べものを、簡単に口からぺっと出されてしまうあの瞬間、心が沈み、またかと思う。レトルトの離乳食に切り替えて、多少気分は落ちついたものの、やはり食事の時間は気が重かった。気が重かったのは、子どもたちの好き嫌いが多いことだけが原因ではない。きっと私は疲れていたのだと思う。否定されること、拒絶されること、「気にしすぎだ」と、状況なんて何も知らない人からあっさり言われることに。

しかし転機が訪れたのは、やはり保育園の入園後だった。給食を食べないのではと心配する私に対して、担任のミー先生は「そのうち食べるようになるから、大丈夫ですよ」と自信満々の笑顔で言ってくれたのだが、その言葉は本当で、双子は一ヵ月も経たないうちに、何から何まで残さず食べる逞《たくま》しい子どもになっていった。集団生活で鍛えられはじめた双子は、好き嫌いなど一切言わずに、誰よりもおかわりを繰り返す大食漢として先生たちに覚えられるようになった。そこで安心できるかと思いきや、二人はやっぱり家では食べないのだ。この屈辱、そして敗北感をどのように表現したらいいのだろうか。

入れ食い状態の保育園特製ツナカレー

落ち込んだ私は、給食室を見学することにした。保育園の給食室は職員室の向かい側にあり、ガラス張りでなかの様子が見えるようになっていた。朝、双子を連れて保育園に行くと、なかで職員さんが働いているのが見えた。作業風景をしばらく眺め、なんとなくだけれど、秘密がわかったような気がした。野菜の刻み方、茹《ゆ》で方、ご飯の炊き上がり。子どもの「好き」ばかりを集めた献立。おやつでさえ、よく考えられたメニューで、思わず私も食べたいと思ったほどだ。「なぜ家では食べてくれないんでしょうねえ……」と悩む私に、担任の先生が、給食通信というプリントを手渡してくれた。そこには、保育園の子どもたちに特に人気のあるメニューのレシピが書かれていた。私がもらったプリントに掲載されたメニューは「ツナカレー」だった。

必要なのは、ツナ缶、タマネギ、ニンジン、ジャガイモ、そして甘口のカレールーだけだ。普通であれば牛肉あるいは豚肉で作るカレーを、子どもが食べやすいツナにしているのがポイントだという。食べやすいうえに、肉類に比べ、あっという間にできあがる。

ツナ缶をかぱっと開けて、みじん切りにした野菜（ここが重要。ジャガイモでさえ、みじん切りにするのだ）と炒めて、水を加えて煮るだけ。唖然とするほどシンプル。あとは軟らかめに炊いたご飯がお勧めとあった。「材料はコンビニでも買えます！」とも書いてあった。私はプリントを握りしめ、コンビニに行き、材料を買いそろえた。そしてレシピ通りのツナカレーを作り、保育園から戻った子どもたちに食べさせてみたのだ。

それはまるで、釣りで言うところの入れ食い状態だった。「何が起きていますか？」というレベルの食べ方だった。一心不乱に食べきった双子は、もう一皿を要求し、お腹いっぱい食べて、その日は満足した様子だった。私の今までの苦労は？　あっけにとられ、少し悲しくもあったが、さすがプロは違うと感動したのも事実だ。長年保育園で試行錯誤のうえ組み立てられたレシピは、私がどう努力しても簡単には到達できないレベルまで磨き上げられたものだったのだ。

この日以降、私は保育園から配られる給食だよりや献立表に書かれたメニューを真似して料理するようになった。みじん切り野菜ハンバーグや、鶏ミンチ入りホワイトシチューといった、工夫をこらしたものが多かった。子どもの食べやすさにこだわったメニューであること、保育園の給食で出されるため、慣れたメニューであることが勝利の鍵だったように思う。双子は好き嫌いなく食べはじめ、レトルトの食事を一緒に出しても、とにかく勢いでパクパクと口にした。保育園で行われる散歩や遊びで運動量が格段に多くなったこともよかったのだと思う。

好き嫌いなしの長男とうんちく次男

さて、このようにして、就学前から保育園の様々なメニューで鍛えられ、同じメニューを食べ続けてきた双子が、今どうなっているかというと、長男は好き嫌いの一切ない、なんでもモリモリ食べる少年となり、次男はうんちくを語る少年に成長している。そんなこんなで、今でも夕方になると、ああ、うんちく少年が帰ってくるな、今日のメニューはどうしようと考えはじめることになる。

長男は学校の帰りにスーパーに寄り、自分が好きな種類のパンをどっさり買ってきて、おやつとして勝手に食べてくれるという優秀な子である。私にもおみやげとして一つくれるところが泣ける。次男はいわゆるこだわり派で、一つの食材が気に入ったら、とことんその食材を食べたいと言う。それはまったく悪いことではないが、野菜を一切拒否するのが悩ましい。刻んで混ぜるという行為は「裏切りだ」という。そして、塩が命だ。私がぎょっとするほど、ザザザと塩をかけて、うまいうまいと言っている。スポーツ系の部活で毎日しごかれているので、塩分を欲しているのだろう。

このように双子はそれぞれに育っているが、ひとつだけわかったのは、乳幼児期の食事がどうであれ、その子の嗜好《しこう》がそれで決定されるということはないだろうということだ。少なくともわが家の双子についてはそうだった。だからきっと、バランスが取れたものであればいいのだろうし、レトルトだって、市販のベビーフードだって、まったく問題ないのだ。むしろ、栄養価が高くていいのではと思う。

料理のスキルは生きる力になる

今現在でも双子たちは、例のツナカレーを好んで食べる。保育園の味だよなあと懐かしんでいる。ただし、最近の双子はそれぞれが独自にトッピングを楽しむようになっていて、それは成長だなと思う。長男はチーズを好み、次男は「追いツナ」とチーズのダブルトッピングだ。二人とも、自分でカレーを温め、さらにご飯を盛り付けて好き勝手に食べている。追いツナが好きな次男は、「今日はレトルトのツナある？　それはカロリー二十五パーセントカットのやつ？」など、注文はうるさいが、揃えておけば喜んで食べるので、本当に楽になったものだと思う。

いろいろな料理を食べさせてあげたいという気持ちはもちろんあるけれども、これから先は、料理の方法を教えることを優先しようと考えている。自分で作ることができるようになれば、それは生きる力にもなる。結局親は、子どもに強く生きて欲しいと願っているのだし、健康で幸せに暮らしてくれればいいのだ。だからこそ、自分自身を大切にするために、料理のスキルは必須だなと考えている。

住まい

壊れても汚れても、自分たちで直せばいい

学生のときに京都市内に住みはじめ、結局大学を卒業しても故郷に戻らず京都に住み続け、結婚後は府内の別の市に古い一軒家（それもかなり古い）を借りて、そこに合計八年も住んでいた。犬二匹と夫と私で、コンパクトな暮らしだった。あまりに快適で、そこに住み続けてもいいかなと思っていた矢先、雨漏りが酷くなり、家主さんも「そろそろ人間が住むには限界かもしれへんな」とひどいことを言いはじめ、それではということで家を建てることにした。

当時私は三十代前半で、今から考えると、住宅ローンを組んで家を建てるという人生にとってあまりにも大きな決断の意味など、一切わかっていなかったと思う。わかっていなかったからこそ、気軽に「やっちゃおう！」と思ったのだろう。

土地探しの初日に決めてしまった

京都市内で土地を探し始めた私たちだったが、すぐに厳しい現実に直面した。当然のことながら、京都市内の土地は高かった。それがわかったときに夫が提案したのは滋賀だった。滋賀といえば、夫の実家が滋賀県にあり、私が最も避けていた、「夫の実家で同居」という悪夢のシナリオが現実味を帯びてきてしまう。

私は、断固反対した。夫の両親と住むのが嫌だというよりも、私のなかに、別世帯と同居するという選択肢は一切なかった。なにせ、実の親との暮らしも息苦しくて実家に戻らず京都に居残った私が、夫の両親と住むなんて……無理、無理。しばらく話し合いは続き、結局、滋賀県内の京都に近い場所、例えば大津市のあたりに土地を見つければいいのではないかという妥協案に辿りついた。そこから土地探しが始まったというわけだ……というか、始めたその日に決めてしまった。

土地探しに行くか〜と、軽い感じで車に犬を乗せて、半分、犬を泳がせる目的でどんどん山の方に入って行くと、ぽつりと一軒、不動産の売買をする会社があった。入り口横の窓ガラスに、周辺地域で売りに出されている物件情報がいくつも掲示されていた。そのうちの一つ、いやに値段の安い、広い区画があって、そこを夫が気に入った。なかに入って話を聞くうちに、すぐに見に行こうという話になった。驚くほど開けた場所にあったその土地は、左に山、右に湖という立地にあって、前が棚田というすごいところだった。遠くにかすかに線路が見える（あとでわかったことだが、この地域は撮り鉄の聖地と呼ばれているほど、人気の撮影スポットだ）。まあ、いいんじゃないかなと言うと、夫は、そうだな、もう決めようと言いだし、その場で決めた。

そしてその翌日から建築家探しが始まった。私は実は四角い建物が大好きで、特に、角がきっちりと立っているような、シャープな建築物に目がない。そういった点を重視して探して、とある女性建築家に行き当たった。大阪在住で、私より一歳上のまだ若い建築家だった。すぐに連絡を取り、現地まで来ていただき、はい契約！という恐ろしいスピードですべてが動きだした。

家の建築と双子妊娠の同時進行

実は、この怒濤《どとう》の展開の途中で、双子を妊娠したことがわかり、妊娠と建築が同時進行するというカオスになったのだけれど、それが結局は良い結果を生み出したと思う。ダイナミックな設計案を提案してくれる建築家に対して、ある程度安全を考慮したいと伝えることができたのは、妊娠していたからだろうと思う。私が彼女にリクエストしたのは、安全面の重視、それから、できる限りシンプルな家具を、作り付けにして欲しいということ、それも可能な限り、壁と一体化した家具（壁収納）が欲しいという難しい注文をした。

リビングを二階にするアイデアだけは譲ることができなかった。選んだ土地の周辺は、地形が本当にダイナミックで美しく、居住空間を高くすることによってすべてを一度に見ることができる。小さな子どもがいる家庭でリビングが二階というのは悪夢に繫《つな》がりかねないのだが、そこは建築家と話し合って、様々な工夫をこらした。階段の柵の幅を狭めたり、階段の入り口にドアを設置したり、走り回ることができるようにベランダは室内スペースを削って大きなサイズにしてもらった。

自分が年齢を重ねたときに、二階にリビングがあることはきっとネックになる。その時はその時で、一階にリビングを移すことができるように、実は一階にも水場を確保してある。わが家は、狭い家だというのに、一階にも二階にもバストイレがある。それは、自分たちが年を取ったときのこと、子どもたちが成長したときのことを考慮したからだ。いずれ、子どもと私たちの居住空間を一階と二階で入れ替えようと計画した。

一階の床はコンクリート敷きだ。これは、子ども対策でもあるし、犬対策でもあった。建築中も犬を二匹飼っていた無類の犬好きの我々にとって、当時は子どもよりも犬対策が重要で、どれだけ汚れても気にならないし、水洗いも簡単にできるようにと話し合った。

コンクリートは、夏は非常に涼しく、冬はスケートリンクかというほど冷たい。それが難点ではあるが、築十五年が経過して、コンクリートの表面が経年により味わい深い色になり、滑らかな風合いが出て、私は大変気に入っている。

テレビを見て優雅に風呂に入れる日

部屋割りは考えに考えて、考え過ぎてわからなくなり、一階も二階も一部屋でいいやという滅茶苦茶なリクエストを建築家に出した。彼女は、「それもいいですね」とあっさり了承し、部屋を分ける必要が生じたときは、天井に吊り戸を設置することで対応できるように、考えてくれた。今現在、二階はキッチン、リビング、寝室がすべて繋がっている状態で、寝室とリビングの間には大きな吊り戸がある。めったに使わないが、寝るときにクーラーがいる季節には、この大きな吊り戸が大変役に立っている。

お風呂がなによりも好きな私は、水場を二階に持ってくることの危険性を重々理解しながらも、建築家に、大きな風呂場を二階に作り、窓から山が見えるようにして欲しいと頼んだ。彼女は、いいですよ、確実に水漏れしないようにしますと言ってくれた。壁には当時最新モデルだったテレビが設置されている。

しかし、私がこのテレビを見て優雅にお風呂に入ることはほとんどなかった。双子が生まれたからだ。そしてゆっくりテレビを見ることができないまま、地上デジタル放送に移行してしまい、テレビ自体が使えなくなった。いつかこのテレビを買い換えて、ゆっくり半身浴することを夢見ている。たぶん、あと三年ぐらいでできるのではないか。

リビングの壁に本棚とデスクを作り付けてもらったのは、私がそこで仕事をしつつ、家事をする気満々でいたからだ。位置の説明をすると、壁に作り付けられたデスクの向こうにバストイレと洗濯室、デスクの後方にキッチン、右にベランダ、左側にリビングが広がっている。私の仕事場を中心にして、いろいろなものが放射状に配置されている。仕事をしつつ、すべて同時に片付けようという目論見は見事に満たされて、今もすべての作業をそこで行っている。キーボードを置けるだけのスペースしかない。でも、私は家のコックピットのような自分のデスクが好きで、動くつもりはない。

子どもたちの個室はDIYで作製

息子たちが中学生になって個室を用意したのは一階で、部屋の間仕切りが壁のみという空間だったために、必要な場所に壁やドアを夫がＤＩＹで作製し、設置した。コンクリートの床が冷たいと訴える息子たちの声に応えて、私と夫でフローリングの床に貼り替えた。それぞれの要望に合わせて、机やクローゼット、椅子、ベッドなどを揃え、最近は二人とも自室に籠もってあまり出てこない。部屋で大胆に遊んで壁には穴を開けられたし、友達がやってきてお菓子を食べたりしているために大いに汚れているが、そこはもう、見ないことにしている。あとで直せばいいのだし。

一階に冷蔵庫を置かなかったのは、それを置いてしまうと、私たちが過ごしている二階に来なくなるだろうと思ったからだ。お腹が空《す》いても、喉が渇いても必ず二階のリビングの、私が座って仕事をしている場所に来なければ何も食べられないことになっている。二人とも、かなり大きくなった体をゆらゆらさせて、階段を登ってきては、冷蔵庫を開けたり閉めたり忙しい。そして私のデスクの後ろにあるダイニングテーブルにどっかと座り、ムシャムシャ食べては、学校でこんなことがあった、あんなことがあった、そうだ、ついでに風呂にも入っていこうと言って、風呂に入って自室に戻っていくというのがいつものパターンだ。小学生の頃、ずっと二階で私と一緒に過ごしたいと言っていたのが嘘《うそ》のようだ。

自分なりの工夫を楽しめる家

こんなわが家に二〇一七年から大型犬が新たに参加するようになって、また新しいフェーズが始まったような気がしている。あまりにもやんちゃな犬で、階段もベランダも、ソファもダイニングテーブルも、ボロボロにされてしまった。壁や吊り戸には大胆な爪痕が残っている。しかし、そんな爪痕なども、天気のいい日に上から塗料を塗ってしまえばいいだけだ。気づくと、わが家には相当量の道具が揃い、少しの汚れや故障だったら、さっさときれいにできるようになっている。

去年は寝室の色を深い青色に塗り替えた。イギリスから輸入されている少しだけ高めの塗料を手に入れ、念入りに養生をして、一気に塗った。窓から見える琵琶湖の青と、深い青色が絶妙にマッチして、最高の雰囲気を作りだしている。深い色合いの部屋にいると、心が落ちつき、冷静になれる。壁の色を塗り替えるだけで、家まで甦《よみがえ》るようだった。

子どもたちの成長だけを考えて作った家ではないけれど、子どもたちが自分なりの工夫をして楽しめる家にはなっていると思う。汚しても、壊しても気にしない。道具があるから、自分たちで直していける。これが理由で、本当に気が楽だ。男子二名と大型犬なんて、とにかく汚して壊して、散らかす生きものなので。

義父母

超パワフルだった義父母の介護が始まった

子ども連れで外出すると、時折、人生の先輩である高齢者から、容赦ないツッコミを受けることがある（関西に暮らしていると、特にそう感じるときがある）。寒そう、暑そう、苦しそうなどはまだいい方で、可哀想、辛そう、熱があるんじゃないの？など、ぎくりとする言葉のシャワーを浴びせられることさえある。

特に双子は声をかけられやすい。目立つからだ。それは私にも理解できる。私も最近、小さな赤ちゃんを見ると、抑えきれない感情が爆発しそうになる。脇目も振らず駆け寄って、なんてかわいいのだろうと叫びたくなる。たぶん、これが祖母になったときの気持ちだろうと気づき、自分自身が恐ろしい。でも、赤ちゃんのかわいさは格別で、声をかけたくなるのは本当によくわかる。多くが優しい人ばかりで、「あらあ、かわいい！」と言ってくれる。しかし、厳しいアドバイスのときもある。

心配性の義父と過干渉の義母

わが家の高齢者（夫の両親）はたぶん、高齢者のなかでもトップクラスでややこしい。そのややこしさたるや、私のように心臓に毛が生えたタイプでも、根こそぎ体力を奪われるほどだ。もちろん、悪い人たちではなく、愛情に溢れた、温かい人間性を持ち合わせている二人だ。しかし、義父はとんでもない心配性で、義母は逃げだしたくなるほどの過干渉なのだ。だからだとは思うが、双子育児では衝突することばかりだった。なにせ、顔を合わせればアドバイスの嵐なのだ。

出産前、義理の両親と会うのは一ヵ月に一回あるかないかだった。なぜかというと、私と夫は京都府内に当時住んでいて、夫婦共々働いていたからで、滋賀県在住の彼らに会いにわざわざ行くということがなかったからだ。しかし、一ヵ月に一回あるかないかの機会であっても、私には修行レベルで辛いものだった。顔を合わせるたびに、家は建てるのか、同居してくれるのか、将来はどうするつもりなのかといった質問が相次ぐのがその理由だった。まだまだ遊びたい私にとっては重すぎる二人だった。

すでに亡くなっている私の両親は、完璧な放任主義で、これをしろとか、あれをやれなんてことは一度として言われた記憶がない。例えば、将来の仕事はこれ、学校はここに行け、なんてことも言われたことはない。とにかく、私は自分のやりたいことを、あるいはやりたくないことを、自由に選び、そしてそれをできる環境にあった。両親は私に干渉する暇もないほど働いていたし、母方の祖父母との同居で大変だったのだと思う。十代の私からすると、親の干渉がないことは自由とも言えたし、寂しいとも言えた。ただし、窮屈な思いは一切することがなかった。しかし！

夫の両親は、何から何まで先回りして注意する人たちで、それはもちろん大きな愛があるからなのだが、自由を謳歌して生きてきた私にとっては、息の詰まるような距離感だった。とにかく、私を変えようと二人は必死だった。頭のてっぺんから足の先まで、自分たちの理想のお嫁さんに近づけようと奮闘していた。当然、出産に対しても、思い出したくもないぐらいのプレッシャーをかけられる日々だった。

そんな二人だから、いざ子育てが始まると何から何まで自分たちの思うようにことを進めないと気が済まないような状態になった。当の私は根っからの頑固で、二人の意思に沿うことはほとんどなかった。そんな私に二人はしびれを切らしたのだろう。孫まで同じように頑固になってしまったら……と考えて震え上がったのかもしれない。

夫の両親が毎日やってくる

そんな過干渉の夫の両親は、双子が生まれたと同時に、毎日わが家に通ってくるようになった。私としては助かることも大いにあったのだが、やはり、毎日通われるのは辛かった。しかし、彼らは一日として休むことなく通い続けた。それが二人の私に対する優しさだったからだ。

調理師だった義父は惣菜を買ってきてくれ、ときには調理までしてくれ、家事が得意な義母は家中を掃除してくれた。洗濯だってしてくれた。しかしそんな生活が二年ほど続くと私も疲れてしまった。彼らの協力なしでは双子は育たなかっただろうから感謝はしている。しかし私にとっては重荷だった日もある。かなりある。

だって、双子の顔が赤いだけで、義父は熱があるのではと焦りまくるのだ。ちょっと泣いただけで、病院に行かなければと必死になる。寝ていると気絶しているのではと起こしたりする。もう本当に、なんなのだというほどの心配性だ。私があくびをしただけで病気ではと驚き、仕事をしていると、「体を壊すから仕事はしないでくれ」と懇願する。締め切りに追われていた私は、義父にも追われているような気持ちになった。

風が吹けば家が飛ぶのではと電話をしてきていた。冗談じゃなくて、本当の話だ。地震があると、揺れたか?と確認の電話がくる。台風が近づくと、「台風が来るぞ」と切羽詰まった声で電話がある。

一方で義母は、自分のルールを決して曲げない人で、例えば子どもがちょっとでも泣いたら抱き上げる、ミルクを与える、おむつをチェックするなど、ずっと動きまわっていた。働きものなのだ。そして、ありえないほどズケズケとものを言う人だった。「双子だとわかって産んだのだから、苦労しても当たり前」とか、「子育てが辛いなんて言うものではない」とか、ドラマに出てくる鬼姑か！というほどの言葉が次から次へと出てくる。

私も黙っているタイプではないので、いちいち言い返す。すると険悪な雰囲気が漂いはじめ、しびれを切らした私が、帰ってくださいと言い、激怒した義母が絶対に帰らないという地獄が展開されるのだった。双子育児にトッピングされるこのような人間模様。本当に地獄か。

私は限界まで疲れ切ってしまい、二人に対する感謝も消えかけた。しかしこんなことがきっかけとなって、保育園に預けることを決意したので、結果オーライと考えてもいいと今では思っている。保育園に通いはじめた双子はすくすくと成長し、私はどんどん楽になり、義父母はわが家に通うことを止《や》めた。

彼らにとっても苦しい日々だったと後から聞かされた。もっと腹を割って話し合うべきだったなと思うけれど、私も彼らも初めてのことばかりで、お互いを理解できていなかったのだと思う。双子は成長し、気づけば両親はすっかり年老いた。超パワフルだった彼らも後期高齢者、そして介護が必要な状態となったのがこの三年ほどだ。

子育ての後に、介護が待っているけど

八十五歳のとき、脳梗塞《こうそく》で倒れた義父は、すっかりおじいちゃんになった。もともと心配性だった彼は、自分が倒れてからはよりいっそう心配性になり、毎朝、何回も血圧を測ってはため息をついている。墓石の新聞広告を切り取ってはファイリングして私に見せてくる。でも、彼の主治医が言うには、後遺症もほとんどなく、とても健康だそうだ。私もそう思う。とにかくよく食べ、よく話し、よく歩いている。八十代後半の人にしては本当に丈夫で、頑張ってくれていると思う。そもそも、働き者で真面目な人だ。真面目一筋で、きちんとデイサービスに通い、筋トレに余念がない。家に通ってくれるヘルパーさんと会話するのをとても楽しみにして暮らしている。〈孫命〉なのは変わりない。

義母はとても聡明で明るく、何から何まで完璧なスーパーウーマンだった。掃除も、洗濯も、料理も、何から何まできちんとできる、主婦の鑑《かがみ》のような人だった。義父が脳梗塞となり半年入院するという大事件がきっかけとなり認知症を発症して、今は投薬治療と介護サービスを受けながら暮らしている。ありがたいことに、彼女も健康で、八十代とは思

えないほど若々しく、明るさも失われていない。足腰は丈夫だし、趣味に没頭している。日を追うごとにできなくなることが増えているが、誰かの助けがあれば、まだ十分、生活していくことはできる。その丈夫さに、そして気丈さに、驚かされることばかりだ。

義父も義母も、ずいぶん変わった。私も彼らに対する気持ちを変えつつある。厳しい子育てが終わったと思ったら、今度は介護に奔走することになった私だが、不思議と、そこまで辛いとは思わない。むしろ、今の二人のほうがずっと付き合いやすい。義父の心配性は笑い飛ばせるようになったし、義母から厳しい言葉を聞くことはほとんどない。今となっては仲のよい友達のように、いろいろな話をしては、お茶を飲む間柄だ。昔は、育児が終わった途端に介護だなんて、人生は困難ばかりだと思ったものだったけれど、周囲に助けを求め、専門家に意見を聞き、プロに多くを任せることで、乗り切ることができると確信している。

家族との関係性は大きく変化していく

双子と祖父母の関係性も、双子の成長とともに変わりつつある。幼い頃は、じいじ、ばあばと呼んで常に甘えていた彼らも、部活に、友達に、塾に忙しくなり、以前のように頻繁に祖父母に会うことはなくなった。しかし、彼らは私が教えなくても、祖父母を労《いたわ》り、手助けする必要があることを理解している。一緒に外出すればおぼつかない足元の祖父を気遣い、手を引き、気を抜くとどこかへふらりと行ってしまう祖母を注意深く観察している。同じことを何度言おうとも、「へえ、そうなんや」と言い、笑顔で対応している。「何歳になった?」と何度聞かれても、辛抱強く相手をしている。敬老の日にはプレゼントを用意し、誕生日には電話をかけ、家に来れば一緒にテレビを見ている。私よりも、よっぽど祖父母に優しい。

人生は本当に不思議で、予想もしなかったことばかりが起きる。今年(二〇二一年)受験生となった息子たちの面倒も見なくてはならないし、夫の両親の介護サービスの手配やケアマネージャーとの連絡も忙しい。そのうえ、定年退職が迫ってきた夫はアイデンティティ・クライシスで悩みが尽きないようだ。自分自身のこれからの人生についても悩んでいるようだが、実の親の老いを受け止めきれず、戸惑う夫を見るにつけ、自分の親の介護だったら精神的に大変だろうなと気の毒になる。双子が十五歳となった今、立派に介護チームのメンバーとして役に立ってくれることが、夫の心の支えになっているはずだ。

年を重ねていくと、家族との関係性は大きく変化するもので、その突然の流れには戸惑うばかりだが、悩みつつも前進しなくてはならないのは、どこの家庭も一緒なのだろう。

時間管理・効率化

苦手なことは捨てて「楽して上等」

翻訳をして、原稿を書いて、双子を育てて、そのうえ大型犬もいて、高齢者の介護もして一体どうやって時間のやり繰りをしているの⁉と聞かれることが頻繁にある。特に最近は増えてきたかもしれない。傍《はた》から見ると、悠々と乗り越えているように見えるのかもしれない。自分では四苦八苦しながら毎日をどうにか生きていると思うのだが、もしやその四苦八苦が伝わっていないのか……いや、四苦八苦を上手に隠しきれているのだろうか。そうだとしたら、ちょっとうれしい。

高校受験に部活動。ヨレヨレの毎日

なにせわが家は、確かに忙しい。子どもたちは高校受験を控える中学三年生だし、夫は京都まで通勤するサラリーマンで、平日の帰宅時間は必ずと言っていいほど二十時を越える。子どもたちとの対話や学校の準備などは、ほとんどすべて、私が担当することになる。これがかなり面倒なことばかりだ。

面倒といっても、幼児期の頃のようなつきっきりの、体力を消耗するタイプの育児ではない。相手はもう十五歳、面倒を見ているのか、それとも見られているのかよくわからない状態だ。受験生になった新学期から、配布物は倍になり、学習塾の特別授業や模試のお知らせが頻繁に届くようになり、そのうえ受験に向けた三者面談の回数も増えた。

これが精神的にも肉体的にも、じわじわと私を追いつめることがある。夜中、まんじりともせず、よせばいいのに息子たちの将来を憂う。子育ての辛さを語るとき、睡眠不足はトップ項目になると思うけれど、乳幼児がもたらす睡眠不足と思春期の子がもたらす睡眠不足とでは、その辛さは別物では？と思う日々だ。

体育会系の部活に所属している次男は、週末となると練習試合や遠征などで飛び回っている。中学三年生で引退を前にした少年の部活動に親が関与する機会は極端に減り、本人だけ飛び回ればいいから楽は楽なのだが、しかしその前段階の準備は山ほどある。道着を洗い（ちなみに剣道部）、乾かし、ゼッケンを縫い付け、二リットルの水筒に冷たいお茶を入れて持たせ、別途、スポーツドリンクを持たせてもまだ十分ではない。しっかり者のお母さんたちがやっているという、剣道着のアイロンがけには、残念ながらこの三年間で一度も到達したことはなかった。なんという愛情だろう。私には難しい。特に袴《はかま》のアイロンがけは重労働すぎる。

部活動には参加していないものの、スポーツ系、学習系のサークル活動に一生懸命になっている長男は、週のほとんどをそういった活動に費やしている。平日は放課後から夕方まで、土曜は朝から夕方まで。自分で電車で通ってくれるからありがたいものの、お弁当の用意や様々な手続きなど、こちらはこちらでなかなか忙しい。真面目な長男は、そういった活動から帰宅するやいなや勉強机に向かう。そして「ちょっとここの意味がわからない」などと、私のところにプリントを持ってやってくる。素直でかわいいやつめと思うが、母はもう、ヨレヨレである。ここに認知症と診断された夫の両親と大型犬が加わるのだから、「一体、村井家はどうやって……？」と思われるのも、そりゃそうだという感じだ。

一日のタスクを消していく達成感

私は自宅勤務なので仕事の合間にちょこちょこと雑務は片付けることができる。これはとてもありがたいことだ。そもそも私はマルチタスクをゲーム感覚で処理することが好きで、小学生の頃から何をやっても、そこそこ速かった。だから、朝一番から翻訳作業と家事を並行させるのも苦ではない。しかし、私には持病（僧帽弁閉鎖不全症）があるので、瞬発力はあっても継続する体力に問題がある。自宅勤務でなければすべてを切り盛りすることは難しかったなあとしみじみ思う。

私の横には息子たちだけではなく、常に体重四十五キロの大型犬がいる。お腹が空けば、空気を読まずに吠えまくる。すぐに寝るのはいいところだが、目覚めたら最後、吠える、走る、寄りかかってくる。かわいいけれど、本当にかわいいのだけれど、私を一人にしてくださいと思うときもある。それから犬の散歩はなにより私の体力を奪う。なにせ相手は四十五キロの人懐っこい犬だから。

義理の両親については、もう何も書くまい。老いた二人を助けるのは、若い世代の責任でもあるだろうし、目の前にいる人が困っているというのに、手を差し伸べないわけにはいかないのだ。自分の時間は徐々に減り、我に戻るのが寝るときだけという生活が、ここしばらく続いている。

そんな日々ではあるけれど、私にとって家族の生活のマネジメント、家事をこなすことは、家族のためというよりも、自分のためになっているなと最近は感じるようになった。そういった生活が、ある意味、自分の目標となって、それをクリアしていくことに達成感を得ているのだ。目の前にある仕事はどうしたって片付けたい、一刻も早く楽になりたいと思う私は、その日の課題を朝一番に思い浮かべて、そこから一個一個、タスクを消していくことで無上の喜びを感じるタイプの人間だ。一生懸命働いて、さて寝るかと寝室に向かうとき、キッチンが、リビングが、そして翌日の息子たちの準備が整っていることが、なによりもうれしいのだ。

便利なサービスは費用がかかっても積極的に使う

もちろん、こんな状況を確保するために、様々な工夫……というか、様々なトリックを駆使して日々の生活を回している。食材の買い物については、毎週三社の宅配業者が必要な食材を届けてくれる。これが楽しみでたまらない。なぜかというと、全国各地の美味しいものが届くわけで、自分で買い物に行くよりもずっといいものが、時にはずっと安く買える。仕事を中断してスーパーに買い物に行く回数も減る。消耗品に関しては、こちらもインターネットショップで定期的に届くように設定している。トイレットペーパーから歯ブラシまで、かなり多くの商品をその使用頻度に合わせて届けてもらっている。そしてもちろん、全国各地の美味しいグルメは、定期的に取り寄せて楽しんでいる。私自身は日がな一日家にいて、パソコンのモニターとにらめっこしているだけの毎日なのに、心だけは旅をし続けているような状態だ（グルメで）。

子育て、家事の効率化については、私は積極派で、例えば料理は手作りがすべてだとも考えていない。効率は最重視しているから、宅配でミールキット（素材のすべてが下準備された状態で届くラクチン夕食セット）を頼むことも忘れていない。時折、それだけ揃えていたらお金がかかるでしょうと言われるが、私は自分の時間にお金を払うために働いているし、時間が与えられるのなら、喜んで払おうと思う。私が人生として与えられた時間を、買い戻していると考えてもらってもいい。それに最近のミールキットは、材料がすべてきちんと揃えられているというのに、一食千円前後で購入できる。酢豚二人前を千二百円で作ることができるのなら、上出来、いや満点じゃないか。

こんな工夫もすべて、家事を上手に回すことが目的というよりは、自分のためなのだろう。もっと詳しく書くと、自分の仕事のためなのかもしれない。私は翻訳家だが、本とインターネットにしか興味がない私にとって、この仕事は趣味と実益を兼ねていて、楽しいことが多い。仕事仲間もユニークな人が多く、仕事さえきちんとこなすことができていたら、少しの失敗や疲労感なんて、どうってことない。もちろん、作業量がとても多い仕事で時間もかかるが、好きなことだからこそ、続けられているのだろう。むしろ、この時間がいつまでも続いてくれればいいとさえ思う。

とにかく、仕事をきっちり片付け、本を出版し続けるために全力投球する手段としての、宅配、通販、インターネットショッピングであり、それを駆使することでなんとか回しているのが、わが家の家事、育児、介護というわけだ。

自分の仕事のためにやっているだなんて、ずいぶん冷たい人間と思われてしまうかもしれない。でも、そう思わないとやってられない日常って、確かに存在すると思うのだ。もしかしたら私は、自分勝手な生きものなのかもしれない。何もかも犠牲にして、子どもに向き合うことができない私は、母親失格かもしれない。でも、人間ってみんな自分勝手に生きているし、それでいいですよね？ お母さんだからって我慢して、そこで積み上げたストレスを子どもに対してぶつけるなんてことがあったら、それこそ本末転倒だ（と、自分に言い聞かせている）。

学校の書類はアプリで管理

スケジュール管理には課題山積だ。今は、次々とやってくる締め切りを、見て見ない振りをして現実逃避している私がいるのだが、ここ数カ月で管理方法を変え、手書きのスケジュールを諦め、すべてスケジュールアプリで管理するようになった。学校から配布されるプリントやその他重要な書類はすべてスマホで撮影してから、アプリを使って管理、期日前にリマインダーを設定して、忘れないように気をつけているつもりだ。それでも忘れてしまったら……本当に申し訳ありません。

バッサリ斬り捨てて問題ないものは、本格的にバッサリとやるのがいいと思う。その最たるものが手作り信仰ではないだろうか。苦手な私のようなお母さんは、多々あるインターネットショップで何から何まで購入したって問題はない。バッサリやったから後悔していることなんて、これっぽっちもない。むしろ身軽になって、自分が楽になった。十五年、バタバタとした生活をして得た教訓が「楽して上等」だったのは、我ながらこれまでがんばったと思う。

仕事を最優先にしているからといって、子どもへの愛情が減るわけではない。自分の時間を楽しむことに罪悪感なんて抱かなくていい。むしろ、子どもに干渉しすぎてしまうことなく、適当な距離を保つことができるのだから、それでいいじゃないか。堂々と仕事に邁進し、心から子どもを大切にして、育てればいいだけのことだと私は思う。ここは確実に割り切って、何を言われても信念を通す自分でありたいと思っている。

夏休み

マザーレイク・琵琶湖の夏、中三の夏

夏休みの思い出といえば、私にとっては「長かった」という以外あまりないのだけれど、子どもたちの記憶に強く残っているのは、やはり家の近くの琵琶湖で朝から夕方まで泳ぎまくったというものらしい。私からすると、そのあまりにも過酷な湖水浴の思い出は、決して美しいだけのものでもないのだけれど、子どもたちが楽しく記憶してくれているのであれば、それはとてもいいことだ。

まさかの学童保育拒否

琵琶湖の周辺に住む子どもたち、特に西部から北部地方の住民にとって、夏と琵琶湖は切っても切れない関係にある。地域の子供会が、シーズンが始まるとすぐに琵琶湖に桟橋を設置して、夏休みに時間を持て余す小学生を泳がせる準備を整える。用意周到な子供会の場合、ブイを浮かべて安全を確保したりする。しっかりした子供会だと、当番で親が見守りまでしていると いう噂だ。滋賀県民の琵琶湖にかける想いは並大抵のものではなく、まさにマザーレイクへの強いリスペクトなのだが、それは同時に、アウトドア派でない母親たちにとって、なかなかどうして厳しい状況とも言える。特に、私のように完全インドア派の親の場合、子どもを泳がせることイコール、長時間、浜辺の灼熱《しゃくねつ》地獄に耐えることなのだ。

保育園の頃はよかった。なにせ、お盆休み以外は毎日朝の九時から午後五時までたっぷり遊ばせてもらって戻ってくる。保育園にはプールもあるし、徒歩数分の琵琶湖に行って浅瀬で鬼ごっこなど、体力をとことん奪ってくれるアクティビティ満載で、家に戻るまでに双子の体力は底をついていた。保育園の先生方には本当に頭が下がる。

しかし、問題は小学生になったときだった。私としてはもちろん、放課後は学童保育に通わせるつもりでいたのだが、双子本人たちから、まさかの大抵抗が起きたのだ。何度必死に説得しても、二人は揃って首を振り、「ぜったいに行かない」と宣言した。なぜ行かないのだと問いただすと、彼らは「だってあそこに行くなら、家にいたほうがいいもん」と言うのだった。実は、学童保育施設はわが家から目と鼻の先ほどの近隣にあって、わが家のベランダからその建物がはっきり見えるほどなのだ。確かに、学童に行く意味がないように思える。こんなに近いのに、なぜ自由の利かない学童に行かねばならぬのか。あんなところに行くんだったら、家でテレビを見ていたい。そんな双子の気持ちは理解できた。私でも同じことを言うだろう。でも、とにかく長期休暇はなんとしてでも行って欲しいというのが私の意見だった。しかし、答えは頑《かたく》ななノーだった。

泳ぎ回る双子と灼熱地獄の母

小学生になって学童に行かないということは、例えば夏休みに入ってしまえば、用事はラジオ体操ぐらいしかないということだ。朝から晩まで家に双子がいるということになれば、三食を作らなくてはいけないうえ、ヒマを持て余した双子にぐずられ、どうしたって外出しなければならなくなる。そもそも外出嫌いな私だというのに、暑い日に双子を連れてどこへ行けばいいというのか。双子はきらきらした目をして、「近所の琵琶湖に行こう！」と言う。ぞっとしつつ、「それは無理。だって、すごく暑いし、ママには仕事がある」と返すと、「ママは来なくてもいいよ、だってAくんのお母さんが連れて行ってくれるって言ったもん」などと、恐ろしいことまで言う。

いやいやそれはね、ダメなんだよ（だって、あなたたちのお世話をすることは本当に大変なことなのだから）……と答えると、「なんで!?　連れて行ってくれるって言ったし！」

と返ってくる。こういうところが、大変ややこしいと思えるのが小学生だ。わかっているようで全然わかっていない。理解しているのかと思いきや、大事なところには全然気づいていない。理解しているのかと思いきや、Aくんのママと私の間で幾多の打ち合わせ、御礼、その後のお付き合いなどなど、数え切れないほど胃の痛いできごとが待っているということなのだ。もちろん、気のいいお母さんばかりだが、さすがに申し訳ない。それに湖水浴とはいえ、水場での遊びは危険が伴うもので（実際、穏やかな印象の琵琶湖でも、ほとんど毎年子どもの水難事故が起きている）、簡単にお願いしますというわけにはいかないのだ。

そう説明しても、双子が納得するわけもなく、結局、重い足を引きずるようにして琵琶湖に行くことになるのだが、キャッキャと泳ぎ回る双子を監視する私は炎天下で灼熱地獄に耐えることになる。木陰はあるが、ダニが大発生している。砂浜のダニは強烈で、刺されると何日も痛みとかゆみを引きずることになる。虫除けスプレーをしつつ、木陰に折りたたみ椅子を置いて、UVケアを必死に行って待つことになるのだが、はっきり言って、五分もしたら家に帰りたくなってくる。遊んでいる方は楽しいだろうが、こっちは地獄だ。本でも読めばいいと思われるかもしれないが、サウナのなかで読書する人がいないように、灼熱の浜辺で本など読めない。ただじっと座り、背中を流れる汗を感じつつ、時よ過ぎてくれと願うだけ。

体力自慢の夫と双子、ビワイチを成功

それでも数年は耐えていた。大汗をかきながら双子が遊び疲れるのを待ち、帰宅させ、食べさせ、昼寝をさせ、ようやく自分の時間を持ちつつ仕事をするという夏休みを双子が小学校四年生になるぐらいまで続けていた。しかし、持病（僧帽弁閉鎖不全症。手術済みで今は元気！）の悪化に伴って、夏休みも外出できなくなったのが双子が五年生のときで、結局、体調を崩して入院になってしまったのが、双子が六年生のときだった。

この時期、私が入院して、ほぼ三カ月の間家を留守にすることで、大きく変わったのが双子と夫の暮らしだった。平日も、週末も双子の面倒を見るハメになった夫は、大いに悩んだそうだ。大いに悩み、そして思いつく。無尽蔵の体力が自慢の夫は、運動させて二人の体力を奪おうと決めた。

毎晩、双子を連れて犬の散歩に行き、長距離を歩かせた。週末も双子を連れ出して登山、湖水浴、サイクリングなど、盛んに行うようになった。最初からやってくれよと思わないでもなかったが、私が入院したことで夫にようやく育児スイッチが入り、男三人で様々なアクティビティをこなすようになったのだ。まさに瓢箪《ひょうたん》から駒、あるいは怪我の功名と言

っていいだろう。

結局、男三人は非常に仲良く遊ぶようになり、琵琶湖を自転車で一周するというビワイチ（全行程約二百キロ、一泊二日のチャレンジ）も成功させた。登山も何度となく行っている。夫と息子たちの夏の激しいスポーツは中学三年生となった今でも続いており、お盆休みになるとかなり大柄な男三人が琵琶湖で愛犬と朝から晩まで泳いでいる。夜は三人で筋トレ三昧《ざんまい》、筋肉自慢、テレビでスポーツ観戦というフルコースだ。私は家で犬と一緒に映画を観たり、本を読んだりして気ままに過ごしている。天国か。最初からこうしておけばよかった。

それぞれの時間を過ごす中三の夏

子どものときは夏をどう過ごさせてやろうかと頭を悩ませたものの、中学三年生になった今は、どうやって勉強させようかと試行錯誤している。高校受験を控え、夏休みは今までの学習の復習をするチャンスでもあるし、学習塾では夏期講習が行われる時期だ。高校のオープンキャンパスも盛んに行われていて、わが家の双子はそれぞれ、ほぼ毎日、電車で出かけては夕方まで戻ってこない。昼ご飯は弁当を頼まれることもあれば、出先でファストフードに行くからおこづかいをくれと言われることもある。小学生の頃はあれだけ大変な思いをして夏を過ごしていたというのに、今は、私の助けなどほとんど必要ないほどに成長し、それぞれが目標に向かってがんばっている。

子育てなんて本当にあっという間のできごとだ。特に、中学生になってからは、飛ぶように毎日が過ぎていき、気づいたら受験が迫る時期になっていた。手のかかる時期は過ぎたものの、今度は彼らがこの家から巣立っていくその時に向かって、進んでいるような気がしている。あれだけ毎日、私のところにやってきて、あれやこれやと手を焼かせていた二人は、今は静かに部屋に籠もって、音楽を聴いたり、コミックを読んだり、それぞれの時間を楽しむようになっている。簡単な料理だったらさっさと作ってしまうし、気が向けば部屋の掃除も自分たちでこなしている。立派な話し相手にもなるし、一緒に買い物に行けば荷物を持ってくれるし、本当に楽になったとしみじみ思っている。

今の時期はもう二度と巡ってこない

子どもが成長するのと同時に、義理の両親が老いて、私にとっては再び体力を奪われる日々が続いているものの、今は双子が上手に祖父母のサポートまで買って出てくれている。私たち夫婦の言うことはなかなか素直に受け取ることができない両親も、孫である双子の言うことであれば、すぐに納得してくれる。双子がおこづかいが目当てで実家に通っていることぐらい私にはわかっているけれど、それでも十分だと思っている。二人の様子を見ていると、両親に対する思いやりの気持ちがしっかり芽生えているのがわかるからだ。私に対しては素っ気ない二人も、ありったけの優しさで両親に接している。頼もしくなったものだと思う。

二人が無事高校へ進学できたら、その先の三年を楽しもうと思っている。私が病気をしたために行けなかった旅行に、双子とようやく行けるような気がしているのだ。二人に対しては、今からちゃんと話をしている。子どものときは忙しくてなかなか遠くには行けなかったけれど、高校生になったら遠出をしよう。車、電車、飛行機、船。すべてに挑戦しよう。君たちもほとんど大人だから、母さんと一緒に旅行に行くのなんて面倒くさいと思うかもしれないけれど、今の時期はもう二度と巡ってこないのだから、我慢してついてきてくれと言い聞かせている。二人は、仕方ないなあという顔をして、「ええよ」とぽつりと言っていた。

悩み事

インターネット問題に疲れました

体力を徹底的に消耗する育児の終わりがようやく見えはじめた頃から、正解が見つからず、迷いに迷っていて、未だに答えが見つからない悩みがある。それは、子どもとインターネットの関係をどのようにして健全に保つことができるかということだ。

わが家の双子には、早い時期からスマホを渡していた。これは、知育アプリを利用して就学前から学ばせるといった早期幼児教育が目的ではなく、一瞬でもいいから動きを止めたい、大声を出さないで欲しい、私に時間を与えて欲しいという、私の一方的で切実な願いからだった。使い始めてしばらくし、おむつが外れた頃になると一台のスマホの奪い合いで激しい取っ組み合いの喧嘩《けんか》をするようになり、仕方がないからタブレットを二台用意した。双子は大喜びだった。これがもしかしたら彼らとインターネットの関係性を変えることになったのかもしれないと思う。しかしもしこのきっかけが何か悪影響を及ぼしたとして、双子をほぼワンオペ状態で育てていた私に、他に何ができたというのだろう？　動きまわる乳幼児二人をどのように制御して安全に育てることができただろう？

デジタルネイティブのできあがり

例えばおむつ替えという作業でも、一人のおむつを替えるときに、もう一人の動きを手っ取り早く止めることができるのは、スマホだった。よく、双子のおむつ替え動画で、一人のおむつを替えている間に、もう一人が逃げ出し……といったコミカルでかわいい場面を見ることがあるが、見ている分には楽しいけれど、毎度あの苦労が続くのはコミカルでもなんでもなく、本物の悲劇だ。そんなとき、幼児番組を再生したスマホをさっと手渡せば、しばらくは楽しそうに、安全に座っていてくれる。

内心、こんなことをしていて大丈夫かなと思いつつ、その強烈な効果には抗えなかった。睡眠不足が続く生活で、一分でもいいから休みたい、コーヒーを飲む時間が欲しいと願う私に、スマホやタブレットは、まさに救いの神のような存在だった。同じような気持ちを抱く親は多いのではないだろうか。

子どもたちは、あっという間に操作を覚えた。三歳の子どもが、何も教えなくてもスイスイとタブレットを使いこなし、好きな幼児番組を見つけ出しては、一緒に歌ったり、ゲームをして機嫌良く笑い転げたりする。まるでわが家専属の保育士さんが魔法のように登場した感覚だった。そんな姿に一抹の不安を覚えつつ、子どもの注意が自分から逸《そ》れるその瞬間の解放感に、どっぷり依存するようになった。ある意味、今でもその依存は続いているのかもしれない。

そして何が起きたかというと、いわゆる、デジタルネイティブのできあがりだ。朝から晩までタブレットを手放さない男子二名が見事できあがってしまった。フリック入力の速度を見ると、一体なにが行われているのかという気持ちになる。手書き文字を書く速度と、フリック入力の速度の差に愕然としてしまう。それならパソコンも使ってみれば？　タブレットよりもかなり使い勝手がいいよと与えても、パソコンには興味がなく（むしろ、かっこ悪いと考えているようだ！）、とにかく僕らはタブレットで十分なんで、いや、タブレットしか勝たん！と言うのだ。母はやはり不安になる。大丈夫なのだろうか。どんな操作でも見事にこなすけれど、設定などに関しての知識は曖昧だ。インターネットの概念についても、あくまで自分の周辺だけのネットワークだと考えているようだし、小さな画面に映る世界に限定されているようだ。

「止まっている文字には興味がない」

大丈夫かなと感じたことは何度もある。ＬＩＮＥを繋ぎっぱなしでの会話の口調が乱暴だったり、ひっきりなしに鳴る着信音に敏感になり、なにがなんでも返信しなくてはと必死になっている姿を見ると、親としては不安になる。学校側からは、スマホ利用で問題が発生したとしても、学校側は責任を負いませんと通達がなされている。子どもだから危険というよりも、大人でも多くの事件に巻き込まれるのだから、親としては気を抜いてはいられない。インターネット老人会会員としては、自分の心配も必要な状態なのに。

「動く文字は読めるけど、止まっている文字には興味がない」と言われたときには驚いてしまった。つまり、動画視聴する際、画面を横切るように流れる文字は読むことができるけれど、紙の上に印刷された、動かない縦書き文字は読んでもつまらないというわけだ。翻訳家である母の立場は……と唖然とするとともに、ちょっとまずいことになったと思ったのも事実だ。

本の世界で働いている母としては、二人が本の世界に触れてくれればいいなと常に考えてはいるものの、今のところ、その意思はあまりないようだ。わが家には売るほど本が山積みになっているが、子どもたちが読むことはほとんどない。なにせ本の世界で働いている私自身が、インターネット大好き人間で、スマホを手放すことがないのだ。そりゃあ、無理というものである。

そしてわが家の男子だけがその状態なのかというと、そうでもない様子である。息子の同級生の親たちと話をするなかで、必ず話題に上るのが、子どもとインターネットの付き合い方になるが、どこの親も、朝から晩までスマホやタブレットを手放さない子どものことを心配している。すぐに得られる喜びに慣れすぎていると同時に、嘘を見破ることができないのではと疑っている。それもこれも、子どもからすれば「でも渡したのは親じゃん！」ということになるのだろう。親同士の集まりでため息交じりに「どうしたらよかったのかねえ……」と言い合うのは、私たち親にも答えがわからないからなのだ。

「スマホ育児」と批判はあるけれど

今どきの中学生や高校生は（もしかしたら小学生も）、常に誰かとインターネットを介して繫がっているのが普通で、それが自然体のようだ。与えておきながら、突然取り上げることはできないのだから、見守るしかない。使用時間を制限すれば、なんとしてでも制限を回避しようと、子どもも知恵を絞って反撃に出る。親が毅然《きぜん》とした態度を取ることが大事なのに、答えがわからないものだから、慌てるだけで時間が過ぎていく。もう疲れました、私。

夫は今まで何度も私に対して、早い時期にスマホやタブレットを渡したのが間違いだったのではと言った。確かにそうかもしれない。でも私からすれば、スマホやタブレットなしでは双子を育てながら仕事を続けることなど不可能でしたという答えしか出ない。家事だってできませんでしたと言いたいし、それではあなただったら、目の前にタブレットがあったとして、それで泣く子が黙り、動きまわる子が座ってくれたとしたら、どうしますか?と聞きたい。実際に聞いたこともある。夫はそれに対して明確な答えは出さなかった。そのときにならないとわからないと言った。「絶対に使わせると思うよ」と、私は答えずにはいられなかった。絶対にタブレットにすがると思う。だって、唯一の助け船だったのだから。

子どもにスマホやタブレットを与えることは危険だとする記事や、小さな子どもがタブレットを見ていることを責める第三者は大勢いるけれど、それではあなただったらどうしますか?という問いに答えてくれる人はあまりいない。必死に子育てし、疲れ切り、やむにやまれず手を出したタブレットのことで責められる立場は、辛いし、ショックでもある。自分自身の判断に懐疑的にもなる。

私がこのように育てたために、将来、この子が道を外したら……なんて、不安にもなってしまう。その外す道とやらが、具体的にわからなくても、とにかく親という生きものは、自分が悪いと考え、勝手に不安になって慌てがちなのだ。ああ。いつになったら楽になれるの。

とりあえずの使用時間とアプリの制限

こんな私が今現在、息子たちのスマホやタブレット使用にどのようなルールを設けているかというと、とてもシンプルで、なぜかというと、それ以外思いつかないからだ。使用時間と使用アプリの制限である。ゲームでの課金やアプリの購入なども制限機能を使ってすべて管理している。

制限時間を超えてアプリを使用したい場合は、その都度リクエストを私に送り、私が許可を出すように設定している。勉強や宿題が終わっていないときは、リクエストを却下する。それに対して息子たちからは不満の声が多いけれど、そんな声には「この家に住んでいる間は、この制限は外しません」の一点張りで対応している。もちろん例外を作るときはある。定期テストが終わった日だとか、部活でがんばった日には、制限を外すこともある。しかし、それが正しいかどうか、私にはわからない。とりあえず、そのようにしているというだけだ。

私自身、高校生の頃から機械が好きで、今もデスクトップパソコンは三台持っているし、ノートパソコンは二台、タブレットは四台、携帯電話は二台持っている人間で、そんな人から「タブレットの見過ぎはよくありません」と言われても説得力がないのはわかっている。だからといって、母が自由に使っているのだから、僕も自由に夜中まで使っていいのだという気持ちにならないように、顔を見るたびに、見過ぎはよくないよ、時間をきっちり守ろうね、その動画はどうかと思うな、その話はちゃんと調べてみたの?と、いちいちうるさく言っている。そんな自分の行いに、自分でも嫌になるときがあるけれど、何もしないよりは、気にしていることをアピールすることが大事だと思って、がんばっている。

それから、大事なことが一つある。SNSよりも、現実のほうがよりスリリングなのだ。それを息子たちが理解するようになるには、もう少し時間がかかるかもしれない。

そろそろ休みたい。育児はいつになったら楽になりますか?　誰に聞いているのだろう。本当に教えて欲しい。

学校

「感情的な親」にならない方法

子どもが小学校に通いはじめてからできたママ友とは、今でも友好な関係を築いている。多くが仕事を持つ親なので滅多に会うことはないが、車ですれ違えば、慣れた手つきでハンドサインを送り合い（今日もおつかれ）、年に一度程度の食事会で会えばブランクなど一切感じさせない、よどみない会話でランチが冷めるほどである。嫁いだ先が農家のお母さんからは、新米の時期になると「新米、どや」といったメッセージが送られてくる。「三十キロで」と返す。何かの闇取引のようだが、ママ友の田んぼで収穫された新米は最高に美味しいので、助かっている。

それ以外でも、「今日、ちょっと手伝って！」と作業補助のお願いがあったり、突然玄関に玉葱が置かれていたり、そんな不思議なことが起きたりもする。とにかく、気楽な関係だ。ママ友との関係、どうしようと悩んでいた保育園の頃が懐かしく思えるぐらいだ。

絶望感の強い小学校のPTA活動

そろそろ就学が迫った子を持つ母親が、ママ友よりも恐れるのがPTA活動だろう。誰かがやらねばならないから押しつけ合いが始まり、活動自体が地味な上に根回しが必要で、とても面倒だから、誰もやりたくないというのが真実のような気がする。誰だって、押しつけられたら嫌なものだし、そもそも、なんで「絶対」なの？と不満ばかりが噴出する。特に、小学校のPTA活動は絶望感が強い。ただでさえ子育てに疲れ切った毎日だというのに、貴重な夜の時間を使って活動をする。子どものための活動が、いつの間にか押しつけられた嫌な仕事となってしまう。

小学校の場合、大がかりな行事が多いのも親が役員になりたくない理由の一つだと思う。当然だけれど、希望者は限りなく少ない。前年度役員がこの人だと当たりをつけて電話をかけて勧誘するのだが、そんな状況で誰が活動に参加したいと思うだろうか。私は嫌だ。しかし、どうしても逃げられなかった年があり、一度だけ、まったく重要でない地味な役員を引き受けた。作業自体は大変ではなかったけれど、大いに疲れた。根回し、下準備、挨拶に魂を削られた。もう二度とゴメンだ。

一方で、中学校のPTA活動は、ずいぶんゆったりと、気軽にことが進む。親のほうも、子が中学生ともなるとほとんど手は離れるし、親が参加する学校行事もぐっと減ってくる。コロナ禍に入ってからは、その行事自体がなくなったこともあり、PTA活動は随分楽になったのではないかと思う。私は子どもが中学に入ってから、広報委員長として三年間PTAに参加している。二年目の終わりには委員長の引き受け手がなく、次年度の委員を決める会議で前任者の顔が青ざめたのを見て耐えきれず、自分から手を挙げた。今となっては、学校とPTAの関係性を知ることができたのは、私にとって財産だったと思っている。

PTA会長はとても明るく、パワフルで、交渉上手な人だった。学校と頻繁に話し合いの場を持ち、子どもや教職員全員にとって安全で楽しい学校にすべく努力を重ね、役員全員のリーダーとなってくれた。シンプルにかっこいい！と思わせてくれる人だった。だから私は、息子たちが中学生になってからのPTA活動は、できる限り休むことなく参加したし、会長のことを尊敬しているのだ。今年は息子たちが高校に進学するので、それも卒業なのは残念だ。少し寂しいような気持ちでいる。

黒歴史がよみがえる保護者会

保護者会は私が最も苦手とするものだ。学期はじめに保護者と担任が教室に集まって、様々な話をするのだけれど……。私自身、学校が苦手な子どもだったこともあって、教室に入るといきなり緊張するし、黒歴史で頭のなかが一杯になる。なぜ私はもっと真面目に授業を受けなかったのだろうと、遅い一人反省会が始まってしまう。だから、保護者会が終わると、そそくさと教室を出て、校門まで小走りで移動する。他のお母さんたちは、談笑したり、担任の先生に悩みなどを打ち明ける時間を過ごしているというのに、いち早く車に戻る私は、大急ぎでエンジンをかけて、近隣のコンビニまで避難する。駐車場で熱い珈琲を飲み、一息ついて、そして家に戻るというわけだ。

保護者会、勉強会、説明会といった親向けの集まりが苦手なお母さんは意外にも多く、誰に聞いても気が重いし、緊張するし、体育館でパイプ椅子に座るのは嫌だと言う。それでも、子どものためと親は努力する。コロナ禍以降、こういった親の集まりがすべてオンラインとなり、気が楽だった親も多かっただろう。私もそのうちの一人だ。紫外線が強い時期の体育祭は本当に嫌だわとママ友と言っていた時期が長かったが、コロナ禍以降はWeb配信で観戦できたのでシミ対策としては完璧だったと思う。保護者が楽しく参加できる行事が増えると育児も楽なのにと思わずにはいられない。

どうしても苦手な先生がいた

ありがたいことに、わが家の双子は学校で大きな問題を起こしたことはない。LINE

でのトラブル、ちょっとした喧嘩、そういったことは数回あったけれども、私が学校まで呼び出されて、担任や学年主任、あるいは校長や教頭と話し合いをしなければならなくなるという機会は数える程しかなかった。

もちろん、先生との相性というものは存在する。私も一人だけ、どうしても苦手な先生がいた。双子の弟の小学校高学年のときの担任で、いわゆる熱血タイプだった。給食は残さない、学校は休まない、好き嫌いは言わないなど、彼独自のルールを曲げない人だった。家庭訪問などで家まで来ても、こちらに緊張感を与えるような話し方で、打ち解けることができなかった。仕方がないので、こちらは徹底的に冷静さを保つよう努力して、彼に対しては丁寧過ぎるほど丁寧に対応し続けた。それでも私とその担任が気軽に話すことができるような雰囲気は最後まで生まれることはなかった。

双子の小学校卒業式の日、その男性教師の元に挨拶に行った。すると彼は、明らかに動揺した。きっと私が最後の最後に、彼に対して何かきついことでも言うと想像したのだろう。彼は明らかに身構えた。私は「先生、担任してくださってありがとうございました！無事卒業できました」と言った。すると彼は、急に表情を緩めて「おめでとうございます。これからもゆっくりと頑張ってくださいね」と笑顔で答えてくれたのだった。ただそれだけの話なのだが、学校との付き合いにおいては、自分のなかに決めたルールを守ることが大事なのだと私は思う。学校に対して腹が立つことも、時にはある。文句を言いたくなることだってある。しかし、先生も人間なのだから、間違いもあって感情もあるのだということを忘れないようにしたい。

学校との付き合い方のルール

私が自分のなかで決めている学校との付き合い方のルールはこんな感じだ。

- 感情的にならない
- 言いふらさない
- 口を出さない
- 経緯をまとめ、メモを残しておく

感情的にならないというのは、「感情的な親」という型にはめられ、そのように処理されたくないからだ。それに、感情的な人を相手にするのは私だって嫌だ。ということは、学校だって嫌だろう。だから、自分はそうならないように気をつけている。言いふらさないというのも大事で、「絶対に言わないでね」とお願いして誰かに言ったことは、確実に広がる。小学生、中学生の親というのは無意識に学校や子どもの問題をゴシップとして消費しがちである。受験についてもしかりだ。無意識だから罪はないとはいえ、話をややこしくするのはゴシップだ。だから、何も言わないのが正解。

口を出さないというのも大事で、学校側が言うことは最後まで聞いて、そこからの対応をじっくりと考えるほうがいいように思う。途中で話をカットして反論すると、大抵失敗する（私の経験からそう言える）。冷静に対処することで、出口が見えてくる。

記録をとることで本質が見えてくる

そして、最後が一番大事だ。メモを取ることとなのだ。証拠を揃えてクレーマーになれと言っているのではない。子どもから聞いた話、そして実際に起きたこと、自分の考え、そのときの先生の対応、問題だと思う事柄について、冷静にまとめて書き出してみることに意義がある。本当に学校が悪いのか、それとも自分たちの考えが間違っているのか、どこで問題が起きているのか、どこかで誤解が生じていないか、時系列ははっきりしているのかなど、万が一話し合いが必要となったときに、これらの記録があることで、無駄に時間をかけずに済む。あったことを、ありのまま時系列に並べるだけで、問題の本質は見えてくる。そこに、日付が入っていれば完璧である。

記録を取ることに関しては、仕事にも大いに役立っているし、過去を振り返ることができて便利なのでお勧めしたい。私はGoogleカレンダー、Google Docs、Google Keepを駆使して、メモ、写真、プリントを残している。それ以外でも、身の回りで起きたできごと、それについて考えたことなどを、出先でも、家でも書き込み、あるいは写真に残して記録している。

ここまでやっても行事は忘れるし、塾のスケジュールは把握できていないが、何かあったときに見ればすべてわかるという記録を持っていることは、日々の安心に繋がっている。それでもダメなときは、素直にママ友に一斉メールする。三分も待ったら、プリントの写真が送られてくる。これだからママ友はありがたい。

思春期

もうギブアップ寸前。ガチンコの日々

わが家では最近、夜の散歩がブームだ。愛犬を連れて、息子二人と一緒に、一時間ほど近所を歩いてたわいもない会話をするのだが、これがとても楽しくて、最近ではお互い誘い合って、積極的に外に出るようになった。夏が終わりを迎え、冷気を含んだ少し強めの風が山から吹き下ろしてとても気持ちがいい。そんな心地よい風に当たりながら、田んぼのあぜ道を湖に向かってひたすら歩く。

田舎なので夜になると人はあまりおらず、外灯も少ない暗い夜道だが、犬と息子たちと会話しながら歩くのは、私にとっても、そしてきっと彼らにとってもちょうどよい気分転換になっているのだと思う。息子たちは受験のプレッシャーから一時解放され、自由になっているようにも見える。愛犬は少しだけダイエットに成功した。私もあやかりたい。

子どもと一緒に問題集を解いてみる

夜の散歩に加え、最近では息子たちと一緒に問題集を解く機会を増やしている。書店に立ち寄ったときに見つけたシンプルな問題集を購入してみたのだ。一日十分で中学校三年間の振り返りができるというもので、決して難しいタイプの問題集ではなく、ゲーム感覚でできる印象だった。これは会話のきっかけになっていいかもしれないと考えて購入したが、やはり正解だった。難しくないのでスタートしやすかったのだ。これ、やってみようよと二人に見せると、いいよと納得してくれた。二人との会話を増やさねばならないと必死な母親を見て、気の毒に思ってくれただけかもしれないけれど。

英語と国語だったら大丈夫！と、胸を張って宣言していたものの、実際に問題集を解いてみると、なかなか手強《てごわ》かった。一応翻訳家なので英語は間違えることはないが、国語はどうしても満点が取れない。おかしいじゃないか。中学のときの得意科目は断然、国語だった。国語の先生にはたくさん褒めてもらったから、今でも「国語は息子たちに負けない」という意識があった私。しかし満点を取ることができない。楽勝だと思っていた。それなのに、長文読解には悩んでしまう。普段、文章を書いてばかりの私だけれど、問題集に掲載された長文に登場する主人公の気持ちをいくつかの選択肢のなかから見つけ出すという問題は、とてもやっかいに思える。中年特有の、考え過ぎモードから抜け出すことができない。もしかして体だけではなく、心まで気難しい中年になってしまったのだろうかと、嫌な汗までかいてしまう。若い清らかな心でないと、文学の読解は難しいのではという邪推までしている。

それにしても、こんなにも難しい勉強をしているのか、世の中の中学生は！と感心することしきりである。まだまだ負けないぞと意気込む私を、二人はどう思っているのかと想像したらぞっとする。もし中学生の私が、絶対に負けないと張り切りながら問題集を抱える母を目撃したら、思いっきり引くだろう。そして、気の毒な人だと考えるだろう。きっと息子たちもそう考えているのではないか。なんだかとても申し訳なくなってくる。

当然と言えば当然だけれど、英語と国語以外は、まったく手も足も出ない。まさかと思う親御さんは是非子どもの問題集を解いてみてほしい。とにかく難しい。母さんにもできないことがあるんやなあとうれしそうにしている二人を見て、軽くいらっとはするが、母親にだってできないことはたくさんあると理解してもらうことも大事だと思ったりもする。

それに、思春期の息子たちとの会話が多いというのは、悪いことではない。お互いが無理をせずに付き合えるというのは大切なことだ（そう思っているのはたぶん私だけ）。

親に厳しい視線を向ける息子

面と向かって受験について話し合うことはあまりないけれど、私も息子たちも、じわじわと決戦のときが近づいていることは理解している。プリントやスケジュールの管理がどうにも苦手な私は、提出物の期限を間違えたり、受験に必要な書類の記入方法を間違えたりと、ミスが続いている。正直なことを書けば、もうギブアップ寸前だ。自分自身の仕事の管理と、家事と、子ども二人の高校受験を同時進行させるなんて、そもそも無理に決まっているのだ。そこに最近では夫の両親の介護で忙しいのだから、いくら私がタフといえど、限界は近づいていると感じている。

子どもは親の心理状態を敏感に察知する生き物だと、双子が幼少期の頃から感じてきた。小学校高学年になったあたりから、二人それぞれにしっかりとしたキャラクターが芽生え、私とある意味同じ目線で言葉を交わすようになり、私はようやく話し合える状態になったかと感激したものだった。しかし同時に二人の自由な（やんちゃな）言動も増え、親の限界を試すような行動が増えたのも事実だ。

それは彼らの成長であって喜ばしいことではある。でも、親の立場からすると、別の意味での苦労が増える。体力勝負の育児から、気力勝負の育児にモードが切り替わった瞬間だったように思える。そして中学三年になった頃から、育児は一〇〇パーセント、気力勝負に切り替わっている。私のぎりぎりの状態を目撃している息子たちはたぶん、私の内面の焦りまで敏感に感じ取っているだろう。

息子たちが私の矛盾した言動や、忘れっぽい性格、いい加減な家事などに厳しい視線を向けるようになったのは、やはり中学生になった頃からだ。周囲からの受験プレッシャーが強くなるにつれて、思春期特有の不安定な精神状態になることが一気に増えてきた。それも、二人同時に発生するからややこしい。穏やかな性格の長男は、私に遠慮しつつ言葉を選ぶことをするけれど、私に性格がそっくりだと言われている次男は、確実に私にとどめを刺す一撃を、考えに考えてから放ってくる。

普段、二人とは会話も多いし、安定した親子関係を築くことができているはずだけれど、だからと言って彼らの厳しい指摘が鳴りを潜めることはないようだ。私も、連日のガチンコ勝負に疲れ果ててるときもある。厳しい口調で反論したあと、なんて可哀想なことをしたのだろうと落ち込む日も多い。そんなときに夫に相談すると、返ってくる言葉はいつも決まっている。絶対に負けるな。そのひと言なのだ。

「ビシッと言ってやることも大事や！」

夫はとても穏やかな性格だが、そんな夫にも反抗期があったそうだ。中学生のときには義母とよくぶつかり、言い合いになり、互いに大声を出したこともあったという。しかし、夫の記憶に残る義母は、何が起きても一歩も引かなかったということだった。

「子どもとしては、親を言い負かしてやろうって必死になるわけだけど、とにかく一歩も引かないおふくろを見て、これは勝てないって思ったな。だから、二人に対して冷静な態度を貫くことは大事だけど、時にはビシッと言ってやることも大事や！　ビシッと！」などと夫は言うのだ。自分で言ってくれよ。

しかし確かに、母親の態度が少しでも軟化したと感じた瞬間に、攻撃力を増すのが思春期だった私自身の得意技だったではないか！　それを思い出して、なるほど、私も気合いを入れなおさねばならないと考え直したりもしている。

最近では、中学生の頃の自分がどのような子どもだったのかを考える機会が増えている。私だったらどうしただろう。私だったら、こんなとき、どんな気持ちで母を見ていただろう。そんなことに思い巡らせながら、息子たちへの対応を悩む日々だ。長男とは激しくぶつかることはないものの、もしかしたら悩んでいるのではないかと、いらぬ心配をしてしまう。

次男については、もうなんと言っていいのかわからない。あまりにも自分に似ている部分が多くて、彼の行動パターンや悩みが手に取るようにわかってしまうからだ。あるいは、わかっていると勘違いしてしまいがちなのだ。次男との一騎打ちは、自分自身の弱さとの対峙のように、ずしりと重く感じられる。彼の激しさと強さ、辛辣《しんらつ》さを撥《は》ね返すのは、至難の業だ。次男の頑固な一面を目撃しながら、自分もこんな子どもだったのかなと思い、ため息ばかり出る。一歩も譲らない私と次男の間の緊張関係はきっと、まだしばらく続くだろう。少し楽しみでもある。

自分が楽しむことは決して忘れない

私にできることは限られてきている。ただ側《そば》にいて、諦めないことだ。子どもたちが諦める前に私が諦めてしまっては、なにもならない。そして、平常運転を貫くことも大事だと思っている。いくら息子たちが定期テストの勉強で苦しんでいても、自分が楽しむことは決して忘れないようにしている。息子たちが部屋に籠もって勉強していても、私は映画を観たりして、リラックスしている（いくら内面では焦っていても）。

彼らから楽しみを奪うこともしないように気をつけたいと思っている。時には一緒にYouTubeで動画を見たり、ＳＮＳで流行《はや》っていることについて話し合ったりしている。ＬＩＮＥで問題が起きないように、うるさい、しつこいと言われても、使い方の注意点はことある毎《ごと》に言い続けている。

親の想像以上に子どもたちは様々な世界に足を踏み入れているもので、時折、そんな彼らの密《ひそ》かな冒険の跡を見つけたりするのだが、それを恐れてはならないとも思う。親が知らない世界を経験してこそ、大人への第一歩なのだと、自分のこれまでの生き方を思い返して、納得したりもする。そしてときどきは、彼らを連れ出して、新しい文具を買い与えてご機嫌を取るといった、涙ぐましい努力も重ねているのだ。

思春期って面倒だなあと考える半面、この苦労もあと数年だから、できる限り楽しもうと思うようになった。ぶつかりながらも互いに毎日向き合って、格闘する日々もあと少しのことなのだと思うと、途端に寂しくなってくる。彼らがこの家を巣立ってしまえば、ガチンコでぶつかり合った日々も、いい思い出になっていくのだろう。それが少し悲しいような、待ち遠しいような、親というのは複雑な心情を常に抱えて生きなければならない存在なのかななんて、少し遠い目になってしまう日々が続いている。

メンタル

自分が常に支える立場であることの苦しさ

私はよく、メンタルが強いと言われる。黒帯だと言われる。それはうれしいことで、いつも「そうですか〜?」と答えながら、顔がちょっとにやけてしまう。そりゃあ誰だって、「強い」と言われたらうれしい。少なくとも、「弱い」と言われるよりはいい。でも、その「強さ」が痩せ我慢の連続や、困難の繰り返しでやむなく培われたものだとしたら、いいことばかりとは言えないはずだと最近は考えている。

私の場合、人生にいろいろなことが起きすぎて、否応なしに強くなってしまったのではないか。そうだとしたら、これは一種の副反応としての黒帯なのでは? あるいは、完全に鈍感になっているのかもしれない。諦めがついているだけじゃないの? 表面的に落ち着きを保っていられるのは、いわゆる年の功ってやつじゃない? すべて正解だとしたら、メンタルが黒帯だとしても、幸運とまでは言えないだろう。それに実際のところ、強い強いと言われる私が、育児のことになると途端にメンタルが豆腐になるのだ。

「一番辛いのは、理解されないことなんや」

学生の頃、一緒にアルバイトをしていた親友の陽子ちゃんが、ボーイフレンドと別れたと泣きながら相談してきたときのことを頻繁に思い出す日々だ。そのとき、彼女は涙を流しながら私にこう言った。

「生きていて一番辛いのは、理解されないことなんや」

まだ若かった十九歳当時の私は陽子ちゃんの言葉の意味がいまいちわからなかったけれど、いま、この年になって、彼女の嘆きが胸に刺さる。なんとも深い。人生の困難について的確に表現している。そう、周囲の人間から理解されないことは、なにより苦しく、そして辛いことだ。この年になってそれを噛みしめている。そして今の私の人生の大きなテーマがそこにある。

子育てをしていると、私の本当の気持ちなんて誰にも理解されていないと考えてしまう場面が多々ある。いわゆる、孤立というやつだ。どれだけがんばっても、家族に伝わらないと感じて、肩を落としてしまう。自分の思いが空回りしていることなんてわかっているのだ。母親から発せられる負のオーラは、子どもにとって重荷なだけだとも理解している。

そんなオーラを発しても、状況はちっともよくならない。そう理解してもなお、落胆した気持ちを隠しきれないことがある。

母親が本当はどんな人間なのか。何を思い、何を困り、何を求めているのかなんてことは、二人の息子たちは考えもしないだろう。なにせ私自身が、自分の母のことをちゃんと理解することができなかったし、すでに亡くなってしまった彼女の気持ちは想像することしかできない。一応は想像できたとしても、「でもやっぱり謎だったよな」と首をひねることが多い。亡き母に、「お母さんってどんな人？」と聞くわけにもいかない。だから、母のほとんどすべてが謎に包まれている。同じことが、私と双子の間に起きないとの保証はない。

所詮人間はひとりぼっちだ。ひとりで生まれてきて、結局ひとりで死んでいくのだと開きなおり、それも人生だと構えてみても、それでも……。誰にも理解されず、ただ、誰かを支えるという役割を全うするだけの人生で、本当にいいのだろうか。

便利な「だけ」の人かもしれない

主婦という言葉に含まれる、「家族のお世話係」というニュアンス。それを「幸せなこと」と思わなければいけないという社会からのプレッシャー。メンタル黒帯で自由奔放だと思われがちな私でさえ、子どもが生まれてからというもの、家族の誰かを支える役割をずっと担い続けている。その役割が人生の半分以上を占めてしまっているかもしれない。

もちろん、子どもの世話は誰かがやらねばならないことで、私が最も適任なのだ。だから、家族の面倒を見ることすべてを否定しているわけじゃない。でも、そろそろ疲れが出てきちゃって……。

自分が「便利な人」になっているのではと思うときもある。むしろ、便利な「だけ」の人かもしれないとも思う。そして、その便利な人という役割に使命感も幸せも感じておらず、むしろどす黒い感情が心の底に芽生えつつある。

なんで私だけ？　なんですべて私が責任を負うの？　こういった釈然としない思いを抱えているというのに、このまま便利な人を和やかに演じ続けていたら、演技がいつのまにか本当になり、私自身が消えてなくなってしまうではないか！　そう焦っている。わがままですか？　それとも、世の中のお母さんたちは、多かれ少なかれ、このような気持ちを抱えているのだろうか。

心臓手術を経験した直後は、生きているだけで十分だと思っていた。生きているんだから、最高に幸せじゃないかと信じ込んでいた。家に戻ることができたのだから、家族の面倒を見るだけの人生を楽しもうじゃないかと考えていた。完全復活した今にして思うと、幸せのレベルが多少低かったのかもしれない。もうちょっと自分のことを優先してもいいんじゃない？　ひとりの人間としての幸せはいいの？と、当時の自分に聞いてみたい。確かに、生きていることは素晴らしい。でも、自分の人生を持たない状態で、それは本当に生きていると言えるのだろうか。

毒親と呼ばれる未来がやってくるのか

私はつい先日まで、愛情がすべてを凌駕《りようが》すると思っていた。今、思春期にある子どもたちがどれだけ私を敬遠したとしても、どれだけ反抗しようとも、愛情さえあれば、彼らもいつかわかってくれるだろうと考えていた。彼らにはなるべくなら楽しい人生を送ってほしいし、夢を叶えてほしい。だから、彼らを支えるためであれば、多くを犠牲にしてもかまわないと信じ込んでいた。

しかし、よくよく考えてみると、こんな自己犠牲ばかりを続けていたら、「これだけ自分を犠牲にしているのに、あんたたちは！」というタイプの怖い母親になってしまうのではないかとふと思ったのだ。そんなことになったら、永久に理解してもらえないどころか、親子関係はますます難しくなるうえ、自分自身が擦り切れてしまうではないか。そんな恐ろしい未来は望んでいない。

思春期にある子どもたちと付き合うのは大変なことで、心配と怒りと不安がないまぜになってしまうことが多い。心穏やかに過ごしたいのにもかかわらず、実際は不安だらけの日々だ。私の言葉は彼らを傷つけただろうか、彼らにダメージを与えてしまっただろうか。そんな葛藤の繰り返しで、へとへとになってしまう。世に氾濫しはじめた「毒親」という言葉にビクッとして、結局、何も言い出せない。だから、結局自分が我慢すればいいという思いに辿りつく。完全な悪循環だ。

そんな現状を打開するために、私が何をやっているかというと、一生懸命、せっせと仕事をしている。結局、そこに辿りつく。私が今、唯一できる絶対に間違っていないこと。それは、自分の仕事をきちんと終わらせること、それだけだ。少なくとも家族に「かあさんは、仕事だけはきちんとやっている」と思われることを目指している。かあさんの仕事はあなたたちのお世話だけじゃなくて（それも楽しいけれど）、本を翻訳することとか、文章を書くこともあるのだと、さりげなくアピールしている。そう理解してもらうことで、私がようやく、母であると同時に一人の人間だということを認められるような気がする。だから、自分自身を励まし、思春期特有のとげとげしい言葉が刺さって痛む心に丁寧に包帯を巻いて机に向かっている。

今までどんなに苦しい状況に陥っても、自分の仕事、つまり翻訳家としての仕事だけは手放さずに生きてきた。それは私に、気晴らしでインターネットショッピングする資金を、旅に出る資金を、私には大好きな仕事があるからきっと大丈夫と思える勇気を与えてくれた。「いつ何が起きても乗り越えられる」という、最大のお守りを手にしているような気分になれた。だから、どんなに苦しいときも、仕事だけは手放さない。それが自分を救う道だとわかっているからだ。ティーンエイジャーの育児に悩み、義理の両親の介護に時間を奪われようとも、私はとにかく、必死に机に向かう日々を過ごしている。それしかできないから。

自分の「好き」を手放さないこと

家族にも、子どもにも理解してもらえないと考え、苦しさを感じる時期は誰にでもあるだろう。ときおり友人たちと食事に出かけるが、それぞれが必ず家族の悩みを抱えている。私たちの悩みのほとんどは家族のことではと思うほど、誰もが、子どものこと、夫のこと、両親のことに頭を悩ませている。自分が常に支える「母」であり「妻」という立場であることの苦しさを抱えている。

そんな不安な日々を救うのは、仕事だけではない。自分だけが持っている「好き」だってとても大切だ。自分の「好き」を手放さないことが、年を取れば取るほど重要になってくることは、後期高齢者の介護をすればよくわかる。自分一人の時間を楽しく過ごすことができないと、老後は想像以上に困難な日々になってしまう。

私は無類のドキュメンタリー好きだが、気分が落ち込んだり仕事の進みが悪くなったりすると、必ずドキュメンタリーを観る。市井の人を主人公とした作品には、なぜか私を鼓舞する力がある。世の中には様々な世界がある。様々な仕事があり、悩みがある。そんなことを考えると、私も頑張ろうと思うのだ。

今まで幾度も、気晴らしの方法や、気分転換の方法について書いてきた。一番大事なのは、自分自身を救う手立てを持つことで、どれだけ苦しくても、そこに戻れば常に生きていくことができるという状況をコツコツと積み上げていくことだ。私には母以外の顔もあるのだと、いつか子どもたちにも理解してもらえたら、そんな素晴らしいことはない。かあさんにはへんな趣味も、誰にも理解できないようないびつな一面も、悪いところも、普通にあるのだ。

そして一番大切なのは、常に家族が優先され、自分が後回しになることへの辛い気持ちは、早いうちに成仏させる必要があるということ。なにせ、人生は自分が思うよりずっと短いのだから。

健康

一番大切なのは、そこに居続けること

双子を育てるために自分を酷使し続けた私は、とうとう二〇一八年に僧帽弁閉鎖不全症が悪化して、再手術をすることになった。

さて、ここでとても大切なことを書きたいと思う。書きたいと思うというか、是非読んでいただきたいことがある。

子どもはとても大切な存在で、時には自分の命を削ってでも育てなければならない存在のように感じる時期があると思う。特に、誰かの助けがなければ絶対に生きていけない、あまりにもか弱い存在の乳幼児のときは、その愛らしさに、その頼りない存在感に、自分を後回しにしてでも必死に育児をするだろう。その時期は誰にでもきっとあり、それは幸せな時期でもあるはずだ。

自分のことを一番に考えて欲しい

でも、しばらくしたら、是非、自分の体のことも考えて欲しい。大切な子どもにとっても、親はかけがえのない存在なのだ。つまり、子どもたちにだって、あなたはとても大切なのだ。だからこそ、自分のことを一番に考える時間を確保して欲しい。

私は出産後に無理を重ねて、心身共にすり減った。実は、双子が赤ちゃんだった頃の写真は、まだ見ることができないし、あまり見たいとも思わない。それほどまでに私は自分をすり減らしてでも二人の面倒をみることが正しいと信じ込んでいた。二人が思春期を迎えた今、自分の育児についてどう思うかと聞かれたら、「間違いが多かったですね」とはっきり言うだろう。

私はもっと、誰かに頼るべきだったし、もっと早く子どもを育児のプロの手に委ねるべきだったし、もっと早く仲間を作るべきだった。トラウマになるほど厳しい育児をして、何になったというのだろう。それは子どもにとっても良いことではないと思う。

もしあなたの周りに無理をしすぎている人がいたら、是非声をかけてあげて欲しい。同じ仲間だからこそ、耳を傾けられるときもあるはずだ。助け合わなくちゃ。

結局、私は独りよがりだった。子どもを立派に育てる母親だと、周囲に認めて欲しかっただけだ。そんな見栄は必要なかった。かっこ悪くても、誰かに助けてもらえばよかった。

もっと素直になればよかった。唯一後悔していないのは、仕事を辞めなかったこと。それだけだ。

思春期の二人には、気迫では負けない

子どもが成長してくると、体力を必要とされる育児の機会は減ってくる。一方で、親として譲ることのできない場面にでくわすことも増える。特に、子どもが思春期になれば、そのような絶体絶命の場面も増えてくる。親として、精一杯の虚勢を張ってでも、譲ることのできない一線を死守すべきときがくるのだ。そのときのために、体力だけではなく、気力もしっかり保つことが重要だと思う。私はすぐに挫けるタイプだが、それでもぎりぎり母としての立場を守ることができている（はず）。私よりも遥《はる》かに体が大きく、力だって強い息子たちの抵抗に直面すると、一気に逃げ出したくなるけれど、これればかりは諦めてはいけないと必死な日々だ。

育児の大変さは体力を駆使するものから、気力を使い果たすものへと変化を遂げる。この時期に一番大切なのは、あなた自身がそこに居続けることだと思う。大病を経験した私だからこそ伝えられることがあるとしたら、こう伝えたい。

「自分を大事にして暮らしてください」

働くこと

根気よく続けていると、きっと道が開ける

私が現在のように文章を書きはじめたのは、実はかなり前のことだ。記憶に残っているのは、中学校の担任との交換日誌だ。授業が終わり、下校前のホームルームでは、生徒に一冊渡されているスケジュールノートに、翌日の時間割と持ち物、そして注意事項などを記入するのがルールだった。ページの下の部分には日記の欄が少しだけあり、そこが担任と私との短い連絡事項を書き込む場所だった。

担任は通常、「明日も元気に会いましょう!」とか、「居眠りしないこと」など、短いメッセージを書いてくれていた。特に、思い入れがある文章というよりは、短く、簡潔に伝えたいことを書いているというイメージだ。しかし、私はそうではなかった。かなりしつこく担任に対するメッセージを書き込んでいたのだ。

本と書くことに夢中だった中学時代

当時の私はとにかく小説と雑誌にのめり込んでいて、母から渡される小遣いのほぼすべてを書店で使っていた。両親は私が小学生の頃から、趣味に対して使うお金は出してあげると繰り返し私に言い、当時私が必死になって読みふけっていたコミックだったら、週に何冊でも買っていいよと、本当にたくさん買ってくれた。中学生になると、興味の対象がコミックから徐々に小説へと移り、下校時に書店に立ち寄って、片っ端から文庫本を買うようになっていった。小説の世界と実世界の境目が曖昧になってしまうほど読んでいたのがこの頃だった。当然、自分も何か書いてみたいと考えるようになった私は、その担任の先生との通信欄に全力投球するようになったのだ。迷惑な話だ。

最初は数行書き込むだけだったのだけれど、先生の反応がいいことがモチベーションとなって、徐々に文章は長くなり、最終的にはページを勝手に付け足して（!）、担任の先生へ提出するようになった。映画のこと、本のこと、友達との面白い会話など、評価を得ようとするのではなく、自由に、何も気にせず書き綴《つづ》った。必ず最後には笑ってもらえるようにした。それを毎朝、鼻息も荒く提出し、下校すると歩きながら担任のコメントを読んでご満悦だった。担任は、そんな私を面白がっていたのか、あれを読め、これを書いてみろと注文を出し、私は注文を出されるたびに張り切って書いていた。

そのうち、先生方の間で私のわけのわからない情熱が話題となり、国語の先生まで読んでくれるようになり、やれ一文が長いだとか、この文章の意味はわからないだとか、アドバイスをくれるようになった。そして私は、書くことが大好きな大学生へと成長した。成長したはずだったのだけれど……。

大学卒業後、生活するだけで精一杯の日々

大学に入ってすぐに目的を見失い、一人で生きることに疲れ、一回生の夏に早々と大学を休学した。前年に父が死に、そのショックが大きかったのだと思う。ここからが私の転落の始まりで、京都で十数年もくすぶり続けることになる。本だけは手放さなかったが、文章を書くことはすっかり止めていた。自分がどんな仕事に向いているのかなんて、一切わからなかった。なにが好きかと聞かれたら、本だと即答してはいたが、それが仕事に結びつくとか、収入に結びつくとはまったく思っていなかったし、そんなことを夢見たこともなかった。とにかく生きることに精一杯で、頭のなかが生活費のことで埋め尽くされる日々が長く続いた。

何年か余分に大学に通って卒業はできたものの、就職活動はほとんどやらずに（できずに）、そのままアルバイト生活に突入した。しかし、今にして思えば、卒業前に書いた論

文で、パソコンを久々に使ったことが大きな転機になったはずだ。高校時代にコンピューターの授業は受けていてタイピングは速かったので、内容はどうであれ、卒論の仕上がりはあっという間だったのだ。そうかパソコンを使ったら何か書けるな……と、気づいた瞬間でもあったと思う。

大学を卒業できたとはいえ、社会人としてしっかり就労できるわけもなかった。なにせ、生活するだけで精一杯だ。それに、今では真面目な生活を送るようになったが、当時の私はめちゃくちゃだった。かろうじてアルバイトを見つけて通い出した職場で、不思議なことに文章に携わる部署に配属された。そして出社初日からパソコンを与えられた。そこでむくむくといけない考えが心を満たすようになった。上司の目を盗んで、書きはじめたのだ……その上司の悪口を。当時、メールマガジンの配信が人気だった。誰でも不特定多数に文章を届けられるシステムが構築されたばかりで、私も早速参加することにした。京都在住二十代ＯＬが日々の愚痴を書きます的な宣伝文句をくっつけたら、購読者数は一気に跳ね上がった。読者から次々とメッセージが届くようになった。それで味をしめてしまったのかもしれない。

職場で出会った仕事仲間と、趣味のホームページを立ち上げることになり、そこで日記を書くことにした。会社のこと、動物のこと、好きな食べもののこと。とにかく書いて、

書いて、書きまくった。すると徐々に購読者数が増えていき、読者から反応が来るようになり、それが楽しくてたまらず、次々と書くようになり、いつの間にかそれが仕事となり……現在に至る。こんなこともあるのだ。

誰よりも持っていた「しつこさ」

今現在のように途切れることなく仕事を受注できるようになるまでには、十年以上の月日が流れている。その過程で双子を出産して思うように仕事ができなくなった時期は、一円も稼ぐことができない日々が続いた。私のようにフリーランスで翻訳や執筆の仕事をしている場合、安定した収入を得るのは、正直言って至難の業だ。私はただただ、幸運だった。人当たりがいいわけでもない、田舎暮らしの私が子育てしながら稼ぐなんて、よっぽどの奇跡でもなければ実現するわけがないのだ。私は幸運だった。そうとしか思えない。

私が唯一、誰よりも持っていたのは、「しつこさ」だ。これは子どもの頃からずっとそうなのだけれど、とにかく凝り始めたら止まらない。集め出したらきりがない。このクセは、長いあいだ私を悩ませたし（なにせ他のことに集中できない。例えば育児とか）、子どもの頃の私が大人から敬遠される理由がまさにこれだった。それでも、諦めなかったというよりは、止めることができなかった。

結果的に、育児だけに集中せずに、趣味に没頭したのがよかったのかもしれない。寝る間を惜しんで読み、書いた。辛くはなかった。楽しかったのだ。

それでも行き詰まってどうにもならなくなったのが、五年ほど前（二〇一六年）のことだった。翻訳本を出しても大ヒットには結びつかず、連載も月に一本という状況が続いていた。そんな時期にママ友に誘われ、働きだした木工の工房で楽しい仲間たちに恵まれ、そこで多くの人たちに出会うことで、潮目がいきなり変わったような気がする。家に閉じこもっていた私が外の世界に出たことで、気持ちの切り替えができたのだ。もっと外に向かっていこうと思えた。子育ても、同じ悩みを抱える職場の同僚に相談することで、ずいぶん楽になった。しかし、工房での仕事は長続きしなかった。なぜなら、私の心臓が徐々に弱っていったからだ。

なんという不運。なんというどんでん返しのドラマ。しかし、心臓が止まりそうになりつつも、ここで私が決して止めなかったのは、書くことだった。白い目で見られつつも病室にパソコンを持ち込んで、点滴を何本も受けながら、とにかく書いた。なにせ、書くことが楽しかったのだ。術後、強い痛み止めを注射してもらい、朦朧《もうろう》とする意識のなかで、病室の壁に文字が浮かんできたときは、とてもうれしかった。やっぱり私は書くことが好きなんだなと思った。

心の豊かさは、お金で買えることもある

先日、息子たちが通っていた保育園の先生に誘われて、現役の保育園ママ達の前で育児と仕事の両立についての話をさせてもらう機会があった。私が強調したのは、育児が辛くてもいつか必ず楽になってくるから、仕事は継続させた方がいいということだった。自由に使うことができるお金を稼ぎ続ける力は、生きる力に直結すると伝えたかった。心の豊かさは、実はお金で買えることもあるのだ。だから私は、少し乱暴な言い方だとは思いつつも、できる限り仕事は続けてください、双子を産んで、心臓の手術をした私が、仕事に復帰している今、強くそう思うのだから、たぶんそうです！　お母さん、自分が大好きなことを諦めないで。大好きなことをやり続けるために、仕事は続けてください。いつまでも稼いでください、それも、たっぷりと！　できるだけたっぷりと稼いでください、それが重要ですと、何度も発言してきた。きっと、痛いおばさんだと思われていただろう。腹が立った人もいただろうな。

双子の子育てを十六年にわたって経験して思うのは、対象が何であれ、突き詰め、諦めないのは大事だということだ。細々であっても根気よく続けると、きっと道が開ける。例

えば私のママ友はとても器用な人で、美しいテキスタイルを手に入れてはバッグやポーチといった作品を作りあげ、販売し続けている。固定ファンはしっかりといて、常に売り切れの状態だ。私も彼女の丁寧な作業と美しい作品が大好きで集めてはいるけれど、なかなか購入することはできない。なにせ、本当に素晴らしい作品で、彼女の生き方そのものが反映されているような、唯一無二のものだからだ。彼女の仕事に触れるたびに、継続することが生み出す美しさのようなものを感じている。私の仕事も、そんな美しさが出せるように、これから先も諦めずに進もうと思っている。

とはいえ、人生は予期せぬできごとの連続だ。競争の厳しい世界で、いつ何時仕事を失うかわからない状態で働くことは楽ではない。常に締め切りに追われている状況は辛い。しかし、私の年齢でしかできない仕事、書けない文章はあるはずだ。今だからはっきりとわかりはじめた親と子の関係も、いつか文章にしてみたいと思う今日この頃だ。

本

読書には、体力と気力が必要だ

二十代の頃の私の楽しみといえば、アルバイトの給料日に書店に行くことだった。給料日だけは、文庫本ではなく単行本を買う日と決めていて（涙ぐましいエピソード）、発売を心待ちにしていた分厚い時代小説や犯罪小説を何冊も買っていた。切り詰めた生活をしていたのだから、購入は控えめにしておいて図書館で借りるという方法もあったとは思うけれど、本好きのうえに収集癖まである私は、欲しい本は常に、そしてずっと手元に置いておきたかった。だから今でも家のなかは本でいっぱいで、そろそろどうにかして処分を考えなければという状態だ。きっと処分はしないと思うけど。

給料日にたっぷり買って、ほくほくと家に持ち帰った本を、海外に移住した友人から譲り受けたボロボロのソファに座って読むのがなにより楽しかった。読み始めると完全に没頭し、昼だったのがいつの間にか夕方になっていた。昔の私は、それほど物語に没入できたし、読んでいるときも、読んだ後も、私は完全に物語のなかの登場人物になりきっていた。平成の京都の町で、私は江戸時代を生きていた（そのときは時代小説にはまっていた）。そんなことができるのが、読書の醍醐味《だいごみ》であり、楽しみだと思う。あの頃の自分と本の関係を思い出すと、胸が一杯になる。たった一冊の本が、自分の世界のすべてだったし、その世界に入り込むことで、実世界のややこしさや悩みから完全に解放された。本だけが私の味方だった。

夜、アルバイトで疲れてマンションの小さな部屋に戻り、ベッドに横になって少しだけ本を読む。これで明日もがんばることができる。枕の横にお気に入りの本を並べて寝た。文庫本と添い寝していたのだ。それほど本が好きだった。書いていて自分が可哀想になってきた。

絵本の読み聞かせが苦手だった

子どもたちが生まれたばかりの頃は、自分が睡眠不足で本を読む余裕はなかった。少し寝てくれるようになると、家事を進めておいたほうが後々楽だという気持ちが勝って、本は後回しになった。子どもたちに少し物心がついてくると、私にとっては地獄のような時間がはじまった。読み聞かせだ。私はなにより読み聞かせが苦手だった。いや、「読み聞かせは子どもの発達にとても大事」圧が苦手だった。だから、私は心から尊敬しているのだ。読み聞かせをする優しさのある親を、その思いやりを。私には無理だったから。私には、絵本の世界に没入する才能も、心の柔らかさも、オノマトペを繰り返す忍耐力もなかった。それでももちろん、できる限りの努力はした。読んだのは『モチモチの木』と『花さき山』だ。母が私に読んでくれていた二冊で、私は大好きだったが、子どもたちは怖いと泣いていた（これは笑えるエピソードです）。

子どもたちが保育園に通い出すと、自分の時間がある程度確保されるようになったため に、読書ができると喜んだものの、なんと、その時にはもう私のなかに本を読み続ける体力が残っていなかった。出がらしみたいになっていた。一冊の本を最後まで読み通すには、体力が必要なのだとようやく気づいたのがその頃だ。

そしてもう一つ、大きな変化が起こった。ジャンルによっては、読むのが辛く、最後まで読めないという思わぬ弊害が起きた。小さな子どもが苦労を重ねる話、戦争の話、動物が死ぬ話といったものが一切読めなくなった。

以前はなにより好きだった、いわゆる「鈍器本」（鈍器のように重く分厚い本）、「レンガ本」（意味は上に同じ）は、手首がその重さに耐えられなくなった。日々の育児、特に双子の息子たちを抱き上げたり、車に乗せたり、彼らの重い荷物を背負ったりしているうちに、すっかり手首が痛めつけられていた。手首が痛くて本が読めないってどういうことだと思うだろうが、そういうことだった。それなら電子書籍でと思い、ガジェット好きの私は早速当時の最新機器を買ってみたものの、結局辿りついたのは、当時の私には本を読み通す体力も気力もなくなっていたという悲しい事実だった。

子育て中にハマった『闇金ウシジマくん』

しかしそこから数年経過して、ようやく、私が楽しんで読めるジャンルが出現した。それはコミックだ。コミックだから、マンガだから、簡単だから読めたということではない。コミックやコミックエッセイはとても優しいのだ。文字とイラストが並ぶことで、疲れ切った体と頭にすっと入り込み、理解まで導いてくれる。特にコミックエッセイは、著者の体験に基づいている内容が多いために、慰められる。こんな人もいるんだな、私だけじゃないんだ、私もがんばろうと素直に思えるのだ。

子育て中のコミックで最もハマってしまったのは、実は『闇金ウシジマくん』だった。これはもう、電子書籍ですべて揃えて、隅から隅まで読んだ。そして、社会の厳しさというか、私たちを取り巻く闇の世界というか、そんなものを想像して、なんとなく眉間にしわを寄せて保育園に子どもたちを連れて行ったりしていた。これもひとつの読書の醍醐味で、育児で完全に弱ってしまった心を、私はウシジマくんで鍛え上げたと言ってもいい。疲れたとか言ってられねえ。社会には怖いやつらがいっぱいいる。子どもを守らなくちゃなと、妙に気合いが入ったのがこの頃だ。

子どもたちが成長すると、徐々に文字を読む元気が戻って来て、そこから読み始めたのがノンフィクションだ。私はそもそも事件もののノンフィクションが大好きで（大好きと書くと語弊があるかもしれない。誰かの不幸を消費しているというわけではなく、事件の概要そのものを知りたいという欲求が強いのだ）、子どもが小学生になったあたりから、次々と購入しては読むようになった。ある程度手がかからなくなると、子どもの面倒を見ながら隙間時間で読むようになり、そんな隙間時間の息抜きが、楽しみになった（内容が事件ものだったとしても）。私と本の蜜月が戻って来たのだ。

再び本を精力的に読み始めた私だったけれど、唯一、徹底的に避けていたジャンルがある。実は、子育て本だ。どれを手に取っても、最後まで読み切ることができなかった。つまらない、面白くない、そういうことではない。見たくない、知りたくない、納得したくない、忘れていたい……そんな気持ちだった。つまり、逃避だった。

子育て本には、どうやって育てたらいいのか、母として、親として、どのように子どもを立派な大人にしたらいいのか……などなど、私が逃げたい、できるなら忘れたいと思っているトピックばかりが書いてある。だから、まったく読むことがなかった。避けていた。好きな本もあった。でも、枕の横に置いて添い寝するほど思い入れのある一冊はなかった。しかし……。

子育てに悩むと開く本

ある日、一冊の本が届いた。『親子の手帖』という一冊だった。子育て本らしからぬ芸術的な表紙。おしゃれな雰囲気さえある。開けば文字がずらりと並んでいた。ふむふむとめくってみた。福岡で学習塾を営む著者の鳥羽《とば》和久《かずひさ》さんが、親子を見つめ、その関係性を書いた一冊だった。子育て本……？と思い読み始めた私は衝撃を受けた。

これは子育て本というよりは、私についての本なのではないか。私が子どもの頃に感じた悲しさ、怒り、親への反発、そんなすべてが書いてあるではないか。驚きつつページをめくり続け、ときおりガーンとショックを受け、自分の子育てを顧みて、次のページで再びガーンとショックを受けては読み進めた。これは子育て本のようでいて、子育て本ではなく、現代の親子へのヒントが詰まった物語なのだと気づいた。これが数年前の話で、そして私は今でもときおり、子育てに悩むとこの本を開いて、自分自身に「落ち着け～、落ち着け～」と言って、平常心をなんとか保っている。

結局、子育てに関する本で今でも開くのはこの一冊、そして同じ著者の『おやときどきこども』、その他数冊である。少し遅くはなったけれど、これから子育て本については読み進めて行こうと考えている。子育ての「その後」を知りたいと思うからだ。

高校受験も無事終わり、息子たちは無事高校生になった。二人分のオリエンテーション、二人分の書類、二人分の手続きで翻弄され、おかげさまで三歳ぐらい老けたような気がする。無事に育ってくれたのは心からうれしいと思うものの、体力的な厳しさを乗り越えたと思ったら、今度は精神的な葛藤を抱える子育てにシフトチェンジしたようだ。

双子の息子たちが高校生になって迎えた春。子育ても、一段落と言っていいのかもしれない。でも彼らが子どもの頃に感じたような、親と子の密接な、離れられないような関係性は消え失せている。それが正しい子離れ、親離れであることは重々承知しながらも、心だけは離れたくない、離れないようにしないといけないと、自分と自分の親との関係性を思い出しながら考えている。

高校入学

高校受験の何が大変だったのか

長く、苦しい高校受験がようやく終わり、息子たちそれぞれが希望の高校に入学を果たして三カ月。すべてが終わり、今はほっとしている。毎日の生活も、「こんなにも事件がなくていいのか」と思うほど平穏で、入学直後のバタバタもまるで嘘のようだ。高校生の親ってこんなに楽なのね。

高校受験特有のお約束

高校受験の何が大変なのか考えてみると、まず思い浮かぶのは三者面談だ。先生は、なるべくなら不合格とならないように、様々な観点から、志望校を絞って出願するよう、あるいは出願する高校を増やすよう、親や生徒たちに伝えようとする。当然、そこには担任側と生徒、親たちの側に意識のずれがあり、それを徐々に理解する親はすっかりノックアウト状態だ。

私にとって同じく辛かったのは、高校受験特有のお約束を熟知し、それを守ることだった。出願を子どもに任せておけばすっかり忘れることぐらいわかっているので、こちらがヒヤヒヤしながらスケジュールの管理をする。県立高校と私立高校の出願時期は違うし、私立高校の受験には専願受験と併願受験があって、それぞれ試験日が違う。私立の場合、面接もある。中学校への連絡も大事だ。担任からの電話連絡が増え、電話が鳴るたびに震え上がった。

このややこしい受験のお約束を頭に叩き入れて、日程を組む。もうここまで来るとカオスであり修行だ。頭のなかには自分が滝に打たれる姿しか浮かんでこない日もあった。自分のスケジュールも管理できない私が、子どもたちの受験のすべてを一括管理しないと、最終的に何かあった場合（出願忘れとか？　面接日を忘れるとか？　想像しただけで胃が痛い）、子どもに一生恨まれかねない。どの学校を受験するのか、膨大な資料を前にして頭を悩ませた日々のことは、涙なしには語ることができない。そのうえ、受験当日のあのストレスたるや。

二人分の入学準備に削られる

そしてようやく、大変苦しかった受験が終わり、気づいたら私が満身創痍《そうい》だった。わが家の息子たちは無事それぞれが希望する県立高校に合格したが、本当に大変だったのは、入学前のオリエンテーション、物販、入学式だということを、合格直後の私は知る由もなかった。なれ親しんだ中学校を卒業し、初めて本当の意味で旅立ちを経験した思春期の若者がどれだけ面倒くさいか、新しい環境に入って行く若者の自意識（みんなが俺を見ている、俺だけ目立っている）に対応しなければならない私が、どれだけ神経を削ったか。合掌。

地味に辛い物販は……もう詳細を綴らずともご想像いただけるかもしれないが、制服（フルシーズン）、体操着、教科書、パソコン（今どきの高校生は授業にノートパソコンを使います！）など、二人分を購入するという手続きの煩雑さが、面倒なことが大嫌いな私を苦しめたことは言うまでもない。すべての作業を代行しますというサービスがあったとしたら、間違いなく、丸投げしていた。

平穏で奇跡のような日々

一度安定すれば、高校生というのは半分大人のようなもので、大変平穏な日々が続いている。朝、八時きっかりに二人とも家を出て、それぞれが夕方になるまで戻らない。長男も次男も、時間通りに勝手に出て行き、勝手に戻って来るという、私からすると奇跡の日々が始まった。もちろん、忘れものはないかとか、時間が押しているよという声かけはしている。でも、以前に比べたら格段に成長したと言える。小学生の頃、初めて自分たちで家まで戻ってきたときも感動したが、高校生になった今の安心感は桁違いだ。各自スマホを持たせていることから、帰宅時間間際になると連絡が入るのもうれしい。夕飯の支度が格段に楽になったし、時には足りない材料の買い出しまで頼むことができる。奇跡だろうか。

長男の学校は給食があるが、次男の学校には給食がなく、弁当を持参することになっている。しかし、究極の偏食である次男の要求に耐えきれなくなった私は、彼に毎日おこづかいを渡し、「コンビニで買って」とあっさり言える程度に親として成長した。昼頃になると、出入りの業者さんが校門の前でパンを売るそうで、それを買って食べているらしい。小学校から中学校の九年間、毎日各自一リットルのお茶を持たせていた生活にも別れを告げた。冷蔵庫にペットボトルのお茶を常に冷やしておくようにしたので、必要だったら持って行ってくれと息子たちには言ってある。学校に自動販売機もあるそうなので、飲みたくなったら買ってくれと、飲み物についてもおこづかいを与えて、すべて本人たちに任せることにした。

とても楽になって、しみじみと思うのは、子育ては長いようでいて、想像以上に短いということだ。中学校なんて、コロナ禍が重なったこともあり、濃厚な三年間だったはずだけれど、今となっては高校受験のインパクトですべてかき消されてしまったような気がしている。

高校一年の一学期の授業もそろそろ終わりに近づき、この三年間もたぶん、あっという間に過ぎて行くだろう。高校二年になったらすぐに進路について考える時期になるはずで、そうなると再び受験のための準備期間になるというわけだ。親ができるのは、いつまでも元気で働き続けることぐらいだろうか。少し寂しいかもしれない。

大人になること

三十代後半でやっと大人になった

子どもに自我が芽生え、一人の人間として成長した姿に触れる度に、自分自身が同じ年齢だった頃のことを思い出すようになった。

十四歳だったとある暑い夏の日の午後、学校の手洗い場に設置されている大きな鏡に映った自分の顔を眺めながら、突然、私は今この瞬間に、本当の「私」になったと確信したことがある。教室の窓から廊下に差し込む強い日差し、背景に映るクラスメイトの顔、レトロなタイル張りの洗面台、みかんのネットに入れられた石鹸、銀色の古めかしい蛇口、蛇口の水滴、タイルを打つ水音、そんなすべての光景を鮮やかに、今でも再生することができる。水の冷たさも、においも覚えている。

ここに映る私はこれから何十年先になっても、必ず存在し続け、私を力づけ、ことある毎《ごと》に私を慰めてくれるだろう。私はここ何十年もの間、確かに、この瞬間のことを繰り返し思い出し、その都度、自信を取り戻すようにして生きてきた。今まで読んできたとんでもない量の文字よりも、この瞬間がもっとも強く私に影響している。

突然はじまったいじめ

この時期の私は、登校したらクラスメイト全員から突然無視されるという女子校にありがちな状況に悩まされていた。いつもは自宅の最寄り駅で待ち合わせをして一緒に通学をしていた友達が、ある日の朝を境に、一斉に私から逃げるように電車に乗るようになった。一人残らず、全員だ。誰一人として、私の顔を見なくなり、こそこそと別の車両に乗り、私は一人になった。突然のことで驚いたが、それが一種の通過儀礼のようなもので、誰もが順番に経験するものだともわかっていた。だから、そのまま一人で登校し、いつも通り授業を受け、一人で下校するという日々をしばらく送った。

無視しても反応の薄い私に周囲は驚き、そして笑っていたに違いない。もっといじめてやろうとわくわくしていたかもしれない。そんな視線を痛いほど感じていた。困った私は、自分の世界に入り込んだ。自分の世界に入り込んでいれば、周囲の景色はすべて消え去り、神経が研ぎ澄まされていくからだ。自分の視界に映るすべての、その何倍も大きい私の精神世界が、一瞬にして広がる。曖昧だけれども心地よいその空間が、爆発するような勢いで広がり、鏡に映った自分の顔の輪郭が、今まで見たことがないほどくっきりと鮮やかに見えるようになる。だから私はじゃぶじゃぶと顔を洗い、その冷たい刺激が私を支えた。この居心地の悪い世界でも、私の世界だけは澄みきっている。私の好きな世界はあの世界とはまったく別もので、そして確実に存在している。私は私のなかに住む一人の学生で、その世界はとても豊かだった。そうやって、つまらない日常をやり過ごしていた。どうでもいい通過儀礼が、嵐が過ぎ去るのを静かに待っていた。

本や雑誌の世界に没入する

ありがたかったのは、本や雑誌の存在だった。友達が一斉に私を無視するようになったとはいえ、本や雑誌から得られる遠い国の物語や、祖父母の時代の文学、あるいは東京という大都会のカルチャーが私のなかには溢れんばかりに詰め込まれていて、そこに没入すれば、自分の周囲のことは、正直どうでもよかった。休み時間はただひたすら「鬼平犯科帳」を読んでは、火付盗賊改方《ひつけとうぞくあらためかた》長谷川平蔵に恋をした。あ〜、鬼平と結婚したい〜いと、連日考えていた。家に戻れば音楽を聴いた。何時間でも聴き続けた。そうすることでややこしい日々を、無視される辛さを忘れることができたのだ。

学校内のいじめというものには、いじめられた当人が苦しめば苦しむだけ悪化するという残酷なループがあるが、一方で長続きせず醒《さ》めやすいという特徴もある。飽きたらそれで終わりという、シンプルな仕掛けがある。私が集団で無視された翌月には、別の子が標的となっていた。そして次の月には、また別の子が標的となっていた。ゲームのように、次々と無視され、苦しそうに泣く生徒たちがいた。解放された子たちは、何ごともなかったかのように、仲間の輪に戻って行くのだ。

私はそのまま仲間の輪に戻ることはなかった。しばらく一人で過ごしたあと、それまでまったく交流のなかった子たちと友達になり、そしてそのまま卒業まで元の友達と話すことはなかった。嫌いだとかそういうことではない。私には新しい友達と、自分の世界があったから、特に戻る必要はなかったというわけだ。

孤独な時間が苦にならなかった一方で、私は人を笑わせることが好きだった。楽しいことがなにより好きだった。面白いことに目がなかった。日常のありとあらゆる風景を切り取って、それを笑いに変えようと必死に考えていた。そして一人で笑っていたし、先生に宛てた日記でその面白さを書き続けたし、友達との交換日記でどうでもいい下らない話を書いては笑わせようと必死だった。家族は、私のことを底抜けに明るい子どもだと考えていたはずだ。先生たちもきっとそうだ。周囲の大人から実際にそう言われることが多かった。いじめについては、大人には一切言わなかった。誰もが経験するものだから、それでいいと思っていた。

目的も楽しみもなく、ただ働く日々

自分の世界に入り込むことがなにより好きだった私が揺らぎはじめたのは、十九歳になり、京都で一人暮らしをはじめたときだ。前年に父が死に、右も左もわからない京都で大学に通いはじめたものの、あまりの孤独に耐えられなくなった。底抜けに明るく、面白いことが大好きだった私はどこにもいなくなった。キャンパスは華やかな雰囲気に満たされてはいたが、その華やかさが私にはどうしようもなく苦しかった。

母が当時、私が京都で一人暮らしをすることをどのように考えていたのかはわからない。ただ、母にその苦しさを相談することはなかった。だからたった一人、京都で地の底を這《は》うようにして暮らし、余暇はほとんどすべて労働に費やし、そのうち擦り切れるように生きる希望を失って、結局、大学は休学した。仕送りはほとんどなかった。大人なんだから自分で決めなさいと母に言われ、もう誰にも頼ることはできないと絶望した。この頃の私には、十四歳の頃の自分はなく、鏡を見ることさえあまりなかったように思う。

結局、絶対に大学だけは卒業しなさいと母に言われ、自分でもここで諦めては何にもならない、人生がめちゃくちゃになると感じて、とりあえず卒業することはできたが、就職活動をする気力は残っていなかった。アルバイトで食いつなぎ、派遣社員として働き出したのが二十五歳のときで、このあたりの記憶は曖昧だ。目的もなく、楽しみもなく、ただ単に働くという日々が過ぎて行った。今の私からすると、目的もなく、楽しみもなく、ただ単に働くだけで相当優秀だと思うのだが、この頃の私は自分の暮らしになんの価値も見いだせなかった。唯一楽しいと思えたのは、映画を観ることぐらいだった。

苦しかった経験が私を大人にしてくれた

十四歳の頃の「私」が戻ったのは、三十代後半になってからのことだ。双子が生まれ、育児に翻弄されてはいたものの、双子の息子たちの存在が、徐々に私に若かりし頃の気持ちを甦らせたのだと思う。この頃にはすでに文章を書きはじめてから何年か経過していて、育児に窒息しながらも、面白いことはないかと常に探していた。それが今の私の仕事に繋がっているのだから、子どもの頃の趣味は馬鹿にできないし、継続は力だ。年を重ねても、面白いことを探す日々は相変わらず続き、それでも少しずつ、自分の考えに深みが出てきたように思う。深みというか、経験が私を大人にしてくれた。

苦しかったアルバイトも、留年した学生時代も、就職できなかった時期も、今となってはすべてが糧になったと思う。少し無理矢理かもしれないが、そう思うことで、大人になるとはどういうことなのか、理解できるような気がしている。

孤独と付き合える強さを持つこと

世の中では二十歳を超えたら大人だと言われているけれど（成年年齢は十八歳に変わったが）、本当の意味で大人になることができたのは、私の場合、三十代後半になってからのことだ。大人として様々な物事に向かい合うことができるようになったのもつい最近だ。特に四十代後半は私の人生にとって大きなできごとが続き、大人として振る舞わねばならない機会が増えた（具体的に書くと、喪主を二回やったことで私は成長したと思う）。それでもやっぱり、真面目な大人なはずの私のなかに、面白いことばかり追求する私が、いつ何時でもふざけていたい私が戻って来る。それは、家族の死に直面してもそうだった。悲しみのなかにわずかに存在する面白さを探すのだ。いや、むしろ積極的に、悲しさの向こうにある笑いを見つけたいという気持ちになる。

こんな私でも大人になれたのかと感慨深い。子どもの頃とまったく変わらない、あの日のままの自分で、外側だけ見事に年を重ねている。毎日面白いことはないかなと探している。時間があるとふざけてしまう。もっと冷静な大人になりたい。

最近、高校生となり、新しい環境に慣れることができず、友達との関係に苦しさを訴える息子たちと話す機会が増えた。止めようとは思っているものの、ついつい、「母さんが若い頃は……」と苦労話をしてしまう。子どもたちからすると、そんな話はどうでもいいと思うのだろうが、とにかく私が彼らに伝えたいのは、世界はとても広いということ、そして孤独はそう悪くないということだ。

私は絶対的孤独と引き換えに、自分の世界を手に入れた。その世界があったからこそ、大人になることができた。私が経験したような、痺れるような、体がバラバラになってしまうような孤独を感じる必要はないし、むしろあまり苦労はしてほしくない。ただ、自分一人でも平気でいられる強さは持っていると少しは楽かもしれない。大人になるというのは、そういった孤独と付き合うことができる強さを持つことなのだ。

時間

「子ども」だった彼らとの時間

子育てを振り返ってみると、親として最も大変だった時期は、息子たちが小学生のときだったかもしれない。とにかく、六年間は長かった。小学校は行事が多く、PTA活動も中学校・高校に比べれば活発だった。先生と子どもたちの距離が近く、関係性が密接なので、相性の良い先生であればその一年は安泰だが、残念ながらそうでなかった場合、親子共々、想像以上に大変な思いをすることもある（あった）。

また、子ども同士の些細なもめ事も少なくない。体はぐんぐん大きくなる時期ではあるけれど、それに心の成長が伴うかというとそうでもなくて、大きくなったと安心していると足を掬《すく》われることもある。固定電話に着信し、番号が小学校からだったときの不安感は結構なものがある。親が抱く悪い予感は高確率で当たるからだ。

担任の先生からの電話

わが家の双子が小学校四年生のときのことだった。担任の先生から電話があり、下校中に問題があったらしい。先生の詳細な話を聞く前に、私はてっきり自分の息子のどちらかが、誰かに何かしてしまったと勝手に考えて大いに焦ったのだが、先生の話をよく聞くと、下級生の女子グループが、双子をからかい、それが少しエスカレートしたということだった。次男は軽い怪我を負っていた。私にとっては青天の霹靂《へきれき》だった。

わが家の双子は二人とも体格が平均より大きく、下級生の、それも女の子にいじめを受けるというタイプではない。二人とも明るく、友達が多い。特に次男は天真爛漫で、常に大らかで優しく、下級生の女の子たちからはむしろ人気者だった。長男も大人しいとはいえ、芯はしっかりとした子だ。それに、いつも一緒に元気に登校している仲間で、私もよく知っている子たちだったのだ。

双子に確認すると、確かにそういうことがあったらしい。そして二人とも、「母さんには言ったのに、ちゃんと聞いてくれなかった」と言うではないか！　よくよく考えてみると、問題が起きた前の週に、確かにそんな話はしていた。○○ちゃんが嫌なことをしてくるとか、あの子が追いかけてきて叩くとか、そんなことを聞いたような気がする。でも、その女の子はとても幼く可愛らしい子で、まさか問題にまで発展するとは私には想像が及ばず、「お兄ちゃんたちに甘えてるだけじゃない？」なんてことを言って軽くあしらっていたのだ。

先生から電話があった日の夜、女の子たちのお母さん二名が涙ながらに謝罪をしに来てくれた。そのお母さんたちの姿があまりにも気の毒で、たいした怪我でもありませんから心配しないでくださいと伝えた。自分の子どもが問題を起こしてしまったとき、母親というのはここまで傷つき、打ちひしがれるのかと愕然とした。大きな問題に発展する前に、小学校側が気づいてくれてよかったと心から思った。これからはもっと双子の話を聞き、様子を確認しようと決めた。もし逆の立場になってしまったら大変なことになると考えた。考えたのだが……。次は自分の子どもが問題を起こす側になった。

複雑な親たちの関係性

小学校六年生となり、周囲の子どもたちが一斉にスマホを持ち出し、SNSのアカウントを所有しはじめたタイミングで、わが家の双子もスマホを欲しいと言い出した。それまでは、着信と発信だけ可能なキッズケータイを二台契約していた。塾の送り迎えなどはそれで十分対応できたので、買い換えはまったく考えていなかったが、息子たちのスマホに対する熱意はすごかった。中学生になってから買い与えるぐらいでいいだろうと思っていたものの、連日の説得にとうとう根負けした私は、スマホをそれぞれに買い与えた。

次に二人が求めたのは、SNSのアカウントだった。小・中・高生の間では必須で、それは私も知っていたし、私自身もアカウントは所有していた。巷ではいじめの温床と頻繁に報道されるものだ。かなり悩んで、一回目は断った。しかし彼らは諦めなかった。友だちと約束ができなくなると懇願され、再び私は折れた。もちろん、使い方のルールなどは説明し尽くしたが、そんな必死の説明が小六に通用しないということは、今であればよくわかる。

結局、双子はちょっとした問題を起こし、私は小学校に呼ばれ、頭を下げることになった。相手の親御さんが寛大で大きな問題には発展することはなかったが、今思い出してもヒヤヒヤする事件だ。もちろんスマホはしばらく預かり、SNSのアカウントは一旦削除した。高校生になった二人のスマホには、当然このSNSのアプリがインストールされているけれど。

このように、子どもが幼い時期は、他の親たちとの関係性も複雑なものになり得る。中学校・高校ともなると顔を合わせる機会も少なくなるが、とにかく小学校では、子どもたちだけではなく、親たちであっても友好な関係構築が必要な場面が多々ある。それはもちろん、自分のためでもある。相談相手や仲間は多い方がいい。特に、子育てという人生最大級の難事を乗り切ろうというときには、味方がいてくれた方がいい。

子どものために謝罪しなければならなくなったとき、相手を少しでも知っているほうが気が楽だ。こういった根回しをしていかなければならないのが小学生時代で、ここが幼児期を乗り越えた後の子育ての、最初の難関だと私は思う。社交的な人はいいが、あまりそうでない私には、息の詰まる時間も多かった。親しい友人ができてからも、ランチで盛り上がったとしても、家に戻ればぐったりとしたものだ。そういった時間が嫌いなのではない。ただただ、小学生の親でいることに疲れてしまう瞬間が多かった。

もっとやってあげればよかった

今になって考えると、もう少し肩の力を抜いて子育てを楽しんでもよかったと思う。なにせ、親の話を素直に聞くのは小学生ぐらいまでのことで、中学生・高校生にもなると、自己主張が強くなり、言い負かされないようにするだけで精一杯だ。もう少し、「子ども」だった彼らと楽しい時間を過ごせばよかったと、今頃になって考えてばかりだ。かわいい頃の二人ともっと遊んでおけばよかった。今はもう、自分よりもかなり大きい青年になってしまい、遊ぶもなにも、むしろお世話をされているような状況だ。

そして、もっと周囲にいる親のことを信頼して、頼ってもよかったと考えている。高校生になってある程度子どもから手が離れると、お母さん達の人となりが良く見えるようになってくるのだ。一体どうやってあんな素晴らしいお子さんになるように子育てされたんですか?と思わず聞きたくなる優秀な母親は存在する。そんな人に限って生活もきちんとしている。次に車を出すときに楽なように、駐車場には必ずバックで停めるようなお母さんがそれに当たる。私は常に頭から斜めに突っ込んでいる。玄関周りもなんとなくさっぱり片づけられている。わが家のように、数年前から居座り続ける枯れたネギのようなものが刺さった植木鉢群はない。そんなお母さん達から学ぶことができたら、少しは私の育児も変化したかもしれない。

今になって振り返ってみれば、彼らが小学生のときにもっとやってあげればよかったと思うことはたくさんある。もっと二人を外に連れ出してあげたかったし、もっと一緒に遊んであげたかった。あのときの全力だったのだから仕方がないけれど、私がもう少し努力していれば二人の今はもう少し違ったかもしれないとふと考えることもある。私にとっては精一杯の日々だったけれど、その事実が二人に届いているのかはわからない。

二人と過ごしたなんの変哲も無い一日の、ぼんやりとした時間は、今でもときどき思い出しては、懐かしさで涙が出そうになる。私もとても大変な時期を過ごしていたけれど、彼らにとっても新しい世界に飛び出す不安がたくさんあった日々だったに違いない。

双子の関係性

二人の差に、勝手に疲労していた

双子の母になってつくづく感じたのは、双子を育てることの難しさだ。何がどう難しいのか、簡単に言葉で表せないものがある。しかし、二人が中学生になったあたりから、その難しさが頂点を迎えたような気がしている。

つまり、青年を育てるというのは、理解できないことの連続なのだ。それも双子である。親である私も、彼らと一緒に荒波をくぐり抜けるような日々を送っている。まるで修行だと思う。私自身が親として、しっかりとした自覚を持たねばならないというシチュエーションに置かれている。でも、そんなの無理だ。私は一応大人だけど、いつまでも子どもでいたい。面白いことばかり言って暮らしていたい。誰かに対して責任を持つなんてことからは、全力で逃げたい。でも逃げられない。だから子育ては辛いのだろうなと思う。

いつも「二人一緒」だった幼少期

双子の幼少期は、なんでも同時、なんでも一緒だから、親からすれば楽と言えるタイミングもあった。例えば、風呂や食事といった日常の行動は、二人が一緒にいてくれることで、負担が減る（場合が多い）。私の記憶だと、三歳を超えたあたりから、徐々に楽になってきたように思う。遊びの延長で互いに助け合うようになることが増えるからだ。同時に、二人でふざけて収拾がつかなくなることも多々あるが、わずかであっても親に時間が与えられるようになると、こちらの心にも余裕が出てくる。だから、こんなときには、双子っていいよねと思えた。でも、この「二人同時」が成長するにつれ、ネックとなってくるのは、大きな落とし穴だった。

そっくりな子どもが二人いることの楽しさもあったと今は思う。わが家の双子は真っ黒なストレートヘアをおかっぱにしていた。小学校五年生ぐらいまで、おかっぱ頭が二人揃うと、どこへ行っても「なんてかわいいの！」と声をかけてもらうことが多かった。写真を撮れば、お揃いのおかっぱ頭の男児が並ぶことになり、親ばかとは思いつつも、やはりユニークで可愛らしかった。保育園や小学校では、先生方にいち早く覚えてもらったし、近所の大人にもあっという間に覚えられた。村井さんちのおかっぱ二人組と呼ばれていた。

同じような体格の、そっくりな二人だから、衣類は何から何まで共用でよかった。双子はお金が倍かかるとよく言われるが、工夫をすれば一・五人分で事足りる。片方が何かを無くしても、もう片方が持っていることも利点の一つだった。忘れものをしたときは貸し借りがすぐにできて楽だったらしい。忘れもの王とあだ名がついていた次男は、ひっきりなしに長男のいる教室に行って、足りないものを借りていたそうだ。長男は、物の扱いが雑な次男に文句も言わずに、自分が丁寧に扱ってきた道具を貸していたらしい。

「二人一緒」を拒絶するようになった

二人がお互いの存在を強く意識するようになったのは、小学校高学年になったあたりだったと思う。それまでは、二人で一人だったのに、突然、一人ずつになったように私には思えた。「二人一緒」を拒絶するようになったのはこの頃だ。お揃いの服はイヤ！　なんでも別にしてほしい！という主張がはっきりし、キャラクターの違いが明確になってきた。親からすると、なんでも一緒にしてくれたら楽なのにという気持ちだった。性格的なことを言えば、次男は底抜けに明るく饒舌《じょうぜつ》だが、シャイなところもあった。ここぞというときの勇気がなかなか出ない子だった

一方で長男は、次男の何倍も愉快で大胆で面白い子だったが、徐々に寡黙で静かな子へと変化していった。几帳面《きちょうめん》で、丁寧で、字もとてもきれいだった。

小学校六年生になると、二人の違いがよりはっきりとしてきた。次男は積極的で、友達のなかで中心的存在になっていったようだった。声も体も大きい、いわゆる元気溌剌《はつらつ》なタイプの男子だ。シャイな部分は残っていたが、明るい性格で先生や保護者に声をかけられることが多い子だった。

長男は、すばしっこくて運動神経が抜群によかったが、友達に馴染《なじ》むのがやはり下手で、教室でノートに小さな絵を描くのがなにより好きという、相変わらず静かな子だった。

二人の選択を受け入れ、納得すること

双子の育児が大変なのは、どうしても比べてしまうからなのだと思う。誰よりも親が双子の子どもを比べてしまうし、親以外の大人も二人を比べがちだ。生まれたときから横に同い年の子どもがいた環境で育ち、ことある毎《ごと》に比べられてきた双子にとって、互いを意識せずに暮らすなんて無理な話だっただろう。

大人になりつつある二人を育てながら思うのは、双子育児の難しさの最たるものは、成長して、親元を離れつつある二人の選択を、親がどう受け入れ、納得するかに尽きるのではということだ。これには当然、二人それぞれの苦手を受け入れることも含まれる。他者に対して、双子だからって比べないでと怒る前に、自分自身が二人を比べていないかとい

う点を考える必要があるのではと思いはじめてもいる。

結局、育児は自分との闘いでもある。二人の間の違いは、学業、趣味、運動神経、性格などなど、数え上げればきりがない。その二人の間の差に、余計な気を使い、勝手に疲労していたのは、もしかしたら私だったのかもしれない。

双子であっても、それぞれが違うキャラクターを持った個人なのだという、当たり前のことを忘れてしまうのが双子育児の難しさ。それぞれの弱さや強さ、得意、不得意を見つめ、それを全力でサポートするのが、親ができる最大限のこと。もちろん、言うのは簡単で、行動に繋げるのはとても難しいので、双子の子育てをはじめて十六年が経過しようという今も、私は二人を思わず比べてしまい、それについて現在進行形で悩みながら暮らしている。そしてそんなデリケートでスリルに満ちた生活は、二人がいてくれるから、なかなかどうして楽しいとも言える。

生きる

子育てのゴールはあるのだろうか

私の子育ては、自分の子ども時代を巡る旅のようなものだ。双子と毎日顔を突き合わせて暮らしながら考えたことは、自分の幼少期のことばかりだった。あのとき、幼かった私は何を考え、そして親に対してどのような気持ちを抱き、抱えていた問題にどう対処したのだろう、そう考えることが多かった。幼い息子の表情に、自分が幼かった頃の気持ちを重ねて理解しようとしたし、あの頃の母の気持ちは？　父の気持ちは？と自問自答することで、なんとか問題を解決しようとしてきた。私にとって子育てにはわからないことが多すぎたのだ。だからとにかく、過去を思い出して、答えを探した。そのときどきで答えが出たかというと、出たときもあるし、まったく出ないときもあったと言える。

双子を連れて旅に出れば、自分がずっと昔に両親と行った観光地の思い出が甦る。母が私に対して必死に、「ほら、あそこの空を見てごらん！　本当にきれいだから」と言い、なんの変哲もない、ただ青い空や緑の山を私に見せることが幾度もあった。なぜこんなものに感動するのだろうと不思議で、感動するたびに私に伝える母のことを、とても面倒くさい人だと思っていた。大人って、なんでもかんでも、きれいだ、きれいだと言うけれど、本当にきれいだと思って言っているのだろうかと、半分馬鹿にしていた。息子に、夕暮れがとてもきれいだねと話しかけるとき、あのときの母の興奮を理解し、自分の冷たい態度を思い出して反省する。そして呆れ顔の息子を見て、覚えがあるなと笑ってしまう。

親が必死になるほど空回りする

夫と子育てについて口げんかをするとき、そういえば両親も時折、私と兄の育て方を巡って口げんかをしていたなと思い出すことがあった。昭和の時代の子育ては今よりもずっと厳しかったように思うけれど、わが家でそんな雰囲気はあまりなかった。今考えても、よくあそこまで放任したものだと思えるほど、子どもの私は自由に暮らしていた記憶が残っている。あまり叱られた記憶もない。なにせ、叱られる役は常に兄だった。両親の口論の原因のほとんどは、兄が近所や学校でしたいたずらを巡る、どちらの育て方が悪かったのかという責任の押し付け合いだった。

私も時折、子育てについて夫と意見が合わずに喧嘩になるが（特に勉強については揉《も》めることが多い）、途中で馬鹿らしくなって、お互いにもう止めようと言い出し、議論を終わらせることがほとんどだ。とにかく、親が必死になればなるほど空回りする気がしてならないから、最近では、なるようにしかならないと思いつつ、諦めないのが肝心と互いに声をかけあっている。親が諦めてどうするのだ、まだまだ先は長いぞと、悲壮な決意を固めているとも言える。

相手が議論できる段階まで成長したことで、ようやく夫が本格的な子育てに参加したのは光明だった。もちろん今までも、作業的には（例えばおむつを替えるとか、学校への送り迎えといった一般的な子育て）参加していたのは間違いないが、感情的にはどこか少し遠いところから傍観しているタイプで、父親になりきれていない部分があった夫が、双子が高校生になった途端に、私の手に余りがちなほどパワフルな二人を上手に操縦してくれていたように思う。そして、息子たちも私の話よりは夫の話に素直に耳を傾けるのは、悔しいが、悪いことではない。「やっぱり親父のほうがわかってくれる！」と先日次男に言われたのだが、「なーにが〝親父のほうがわかってくれる〟だよ！」と言って笑い飛ばす程度に私にも度胸がついた。

想像以上に長かった小学校六年間

双子が幼い頃、私が心の支えにしていたのは、どこかで読んだ「子育てにはゴールがある」という言葉だった。長い保育園時代が終わり、小学校に入学したときには、もしかしたらゴールが見えてきたかもしれないと思った。でも入学してからの六年間が、自分が想像していたよりもずっとずっと長かったときには戸惑った。

子どもの成長はあっという間だが、細かい問題や悩みが徐々に出てくるのが小学生時代だ。幼いと思っていた子どもが、精神的にもどんどん大人びてくることで、親との言い合いも増える。お友達との喧嘩も少なくはない。ＰＴＡの活動も本格的になるし、行事も多い。何度足を運んでもあっという間に次の行事になるから、のんびりしているヒマもない。体が大きくなってくるから、心も成長しただろうと安心すると、想像もしなかったことで足を掬われる。保育園時代には感じなかったが、先生と子どもとの相性が存在すると知ったのも、双子の小学生時代だった。先生と子どもの間に挟まれて、どうにかして楽しく通ってくれと祈るような気持ちだった。それにしても、六年間は長く感じられた。

神経をすり減らした中学校三年間

中学校に入学を果たすと、よりいっそう大変な日々が待っていた。息子たちが思春期に入り、それぞれが別の友人と、別の交友関係を築いて世界が広がった。それぞれが友達と仲違《なかたが》いをしたり、言い合いをしたりと衝突も増えてきた。どんどん難しくなってくる勉強に苦労し、定期テストの結果に悩み、その不安定な精神状態に私も完全に影響を受けた。難しい時期に差し掛かった息子たちの不機嫌さに、私が参ってしまった時期もあった。食事をボイコットされたとき、プチ家出をされたときにはぐっと老けた。なんでこんな苦行をやっているのだろうと破れかぶれにもなった。

やがて来る高校受験を視野に入れて塾に通わせはじめたのは中学二年の春からで、二年から三年春の卒業まで、塾に行く、行かない、行ったと思ったのに行ってなかった！　サボって近所のスーパーで唐揚げを食べていた！などという事件が多発した。そんなこんなで神経をすり減らし、もう勘弁して欲しいと思った時期に、高校受験がとうとうやってきてしまった。

中学校の先生は、小学校までの先生たちとはまったく違う。半分大人のような生徒たちを相手にするのだから、迫力があって当たり前。そんな先生たちとのやりとりも、今思い出しても緊張感のある日々だった。恐ろしかったのは三者面談だ。特に、中学三年になってからの面談は、高校受験のみに焦点を絞って話し合いが行われるから、当然親はゲッソリする。先生も大変だろうが、親も大変。今までの暮らしで最もわが家が荒れていたのが、高校受験の時期だと思う。そこにコロナ禍も重なっていたのだから、受験生を抱えていた全国のお母さんたちはきっと大変だったと思う。本当にご苦労様です。

最高の話し相手になった双子たち

あるかと思って楽しみにしていたゴールがなかなか見えない日々でもなんとか暮らし、とうとう二人が高校入学を果たしたところで、私も子育て卒業だ！　これがゴールに間違いない！と無邪気に思った。しかし、そんな甘い話はないのであった。今度は入学直後の不安定な時期がやってきて……。今となっては学校にようやく慣れて、部活に遊びに青春を謳歌しているようだけれど、親はなかなか気が休まらないものだなと考える。

しかし、高校生になると、確かに手はかからなくなってくる。勝手に家から出て行き、気づいたら戻って来る。最高だ。おこづかいを渡しておけば、外で夕飯を済ませて戻って来てくれる。双子が保育園の頃のことを思えば、夢のような話だ。あの頃の私に、将来、これだけ楽になってくるよと言ったら、きっと驚いてしまうだろう。それに、高校生になった息子たちは、最高の話し相手になる。もうほとんど大人のようなものだから、何を言ってもそれなりの答えが返って来る。ちょっとそこまでお使いに行って来てというお願いも通用する。これは地味にすごいことなのだ。私が義父母の介護で悩んでいると、的確なアドバイスをくれることもある。子どもらしい突拍子もない話をすることもあるが、その真っ直ぐさが逆に新鮮だと思える。

そして同い年の子どもを持つ友人たちと親交を深めることができたのは、とてもいい経験だったと思う。高校進学以降は、以前のように頻繁に連絡を取り合うことはなくなっているけれど、メッセージを送ればきっと、すぐに返信が戻ってくるだろう。久しぶりに会わない？と聞けば、二つ返事で会おうと言ってくれるだろう。子育てには辛いことが多いと思われがちだけれど、素晴らしい出会いだってたくさんある。友達だけではない。学校の先生、塾の先生との出会いも、それぞれ記憶に残るだろう。

もう大人なのかもしれない

先日、双子と夫の三人が、北海道まで二泊三日の旅に行って来た。行き先は網走《あばしり》、知床《しれとこ》だった。家族全員で行く旅もいいけれど、一度は自然の多い場所に三人で行って来て欲しかった（そうしてくれれば、涼しい部屋で犬と一緒に私は寛《くつろ》ぐことができるから）。航空チケットの手配やホテルの予約は私がすべてやったが、それ以外のことは、行った先で彼らが決め、車を借りて、大平原を何時間も走ったらしい。時折送られてくるＬＩＮＥの内容を読めば、私も一緒に北海道の知床半島にいるような気分だった。夫は、二人が成長しているから本当に楽だったと言っていた。三人の集合写真を見て驚いたのは、双子が本当に大きく成長したことだった。もう大人なのかもしれないと、ふと思った。

たぶん、子育てにゴールはないし、子育ては一生終わらない旅路だと思う。子どもたちがいくつになっても、心配ごとは絶えないだろうし、私にとってはいつまでも二人は子どものままだ。その事実は、たとえ彼らがわが家を離れて、どこか遠くで暮らしはじめたとしても、消えることはないと確信している。終わりがないなんて、確かに気が遠くなってしまう。

ただ、そんな永遠につづく育児にもいいことが一つあって、それは子どもがいくつになったとしても、彼らへの愛情が深まっていくということだ。わが家の双子に限って言えば、それは本当にその通りで、どんなに衝突したとしても、私にとって二人はかけがえのない人たちだという事実は揺るがない。二人の良い面も悪い面も、たくさん目撃してきた。それを理解し、納得し、受け入れてきた。きっとこれからも、こんなプロセスを何度も繰り返すことになるだろう。私が生きている間はずっと。

あとがき

本書は、月刊誌「一冊の本」に、二〇二〇年十月号から二〇二二年九月号まで連載していた「ふたご母も15年目」に加筆修正し、一冊にまとめたものだ。連載期間は、思春期を迎えた二人の子育てに奮闘していた時期と、今現在も続くコロナ禍と重なっている。子どもたちにとって、そして私にとっても窮屈な日々が続いていた。学校行事は次々と中止になり、部活動も休止されることが多くなった。多感な時期を迎えた息子たちは、本来であれば、勉強に、運動に、友達との交流に、最も精力的に打ち込めるはずの中学時代のほとんどを、自粛下で過ごすこととなった。

彼らが在宅する機会が増えたことで楽しいことも多々あったけれど、私にとっては悩みの種が増えたのも事実だ。高校受験に向けて緊張感が高まっていた時期は、精神的に不安定な状態だった二人を、腫れ物に触るかのように扱う機会が増え、私もストレスを溜めた。そんな大変な時期を乗り越えた今、山あり谷ありの日々が過ぎ去ったことに、とにかく安堵している。

私にとって大きかったのは、コロナ禍や受験だけではない。二人が保育園の頃から仲良くしていた友人の突然の訃報にも大きな衝撃を受けた。それまで一緒に子育てをし、励まし合ってきた彼女の不在が、特に二人が高校受験を迎えた時期には重く感じられた。彼女の一人息子が立派に成長している姿を目にする度に、彼女にどうにか届くようにと祈るような気持ちになる。

この十六年、本当に様々なことがあった。私と双子の息子たちは、時には喧嘩をし、激しく感情をぶつけ合いながらも、どうにかこうにか困難を乗り越えてきた。無事高校生となった二人は、それぞれが成長を遂げている。

時には行く先を見失い、迷うことがあったとしても、彼らなら正しい道を進むことができるだろう。幼い頃も、そして成長した今も、二人は私にとって、とても大切な存在であるということに何ら変わりはない。これからも、自分の信じた道を真っ直ぐ進んでいって欲しい。私はそんな二人の行く先を、明るく照らす存在になりたいと思う。

二〇二三年一月　　　　村井理子

初出　「一冊の本」二〇二〇年十月号から二〇二二年九月号に、
「ふたご母も15年目」として連載。単行本にあたり、
改題し加筆修正しました。

村井理子（むらい りこ）
翻訳家・エッセイスト。1970年静岡県生まれ。滋賀県在住。
訳書に『ヘンテコピープルUSA』（中央公論新社）、『ゼロからトースターを作ってみた結果』『人間をお休みしてヤギになってみた結果』（新潮文庫）、『ダメ女たちの人生を変えた奇跡の料理教室』（きこ書房）、『黄金州の殺人鬼』『捕食者』（亜紀書房）、『メイドの手帖』（双葉社）、『エデュケーション』（ハヤカワ文庫）など。
著書に『ブッシュ妄言録』（二見文庫）、『村井さんちのぎゅうぎゅう焼き』（KADOKAWA）、『村井さんちの生活』（新潮社）、『更年期障害だと思ってたら重病だった話』（中央公論新社）、『本を読んだら散歩に行こう』（集英社）、『兄の終い』『全員悪人』『いらねえけどありがとう』（CCCメディアハウス）、『犬（きみ）がいるから』『犬ニモマケズ』『ハリー、大きな幸せ』『家族』『はやく一人になりたい！』（亜紀書房）など。
Twitter　@Riko_Murai
Web　https://rikomurai.com/

ふたご母《はは》戦《せん》記《き》

2023年3月30日　第1刷発行

著　者　村井理子
発行者　三宮博信
発行所　朝日新聞出版
〒104-8011 東京都中央区築地 5-3-2
☎ 03-5541-8832（編集）
03-5540-7793（販売）
印刷製本　中央精版印刷株式会社

ISBN978-4-02-251899-6
定価はカバーに表示してあります

落丁・乱丁の場合は弊社業務部（電話 03-5540-7800）へご連絡ください。

送料弊社負担にてお取り替えいたします。